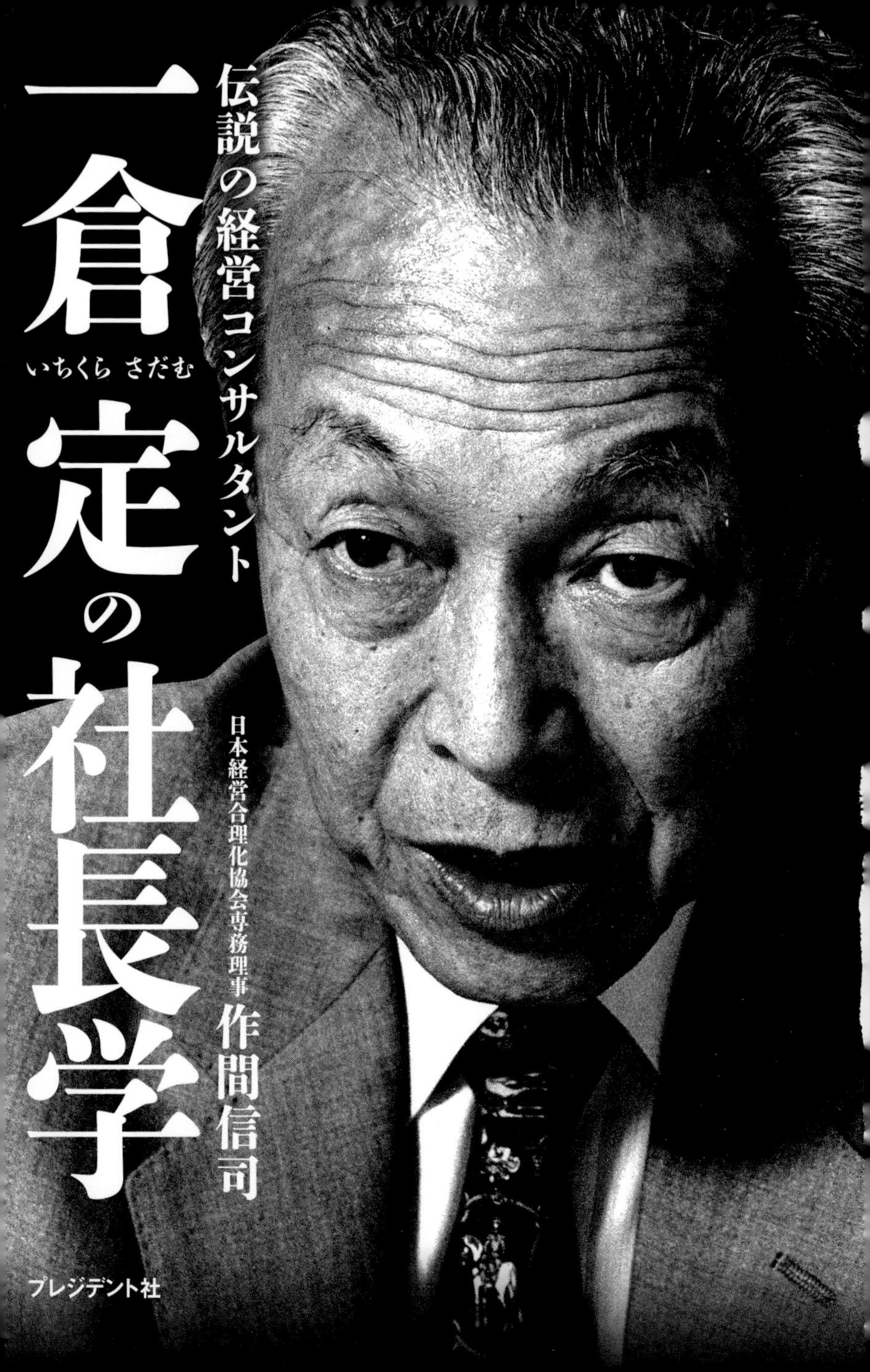

伝説の経営コンサルタント

一倉《いちくら》定《さだむ》の社長学

日本経営合理化協会専務理事
作間信司

プレジデント社

まえがき

◉「社長専門コンサルタント」を生涯貫いた一倉定

「世の中に、良い会社とか悪い会社なんてない。あるのは、良い社長か悪い社長だけである。会社は社長次第でどうにでもなるんだ」と断言した。

この一言こそ、〝社長の教祖〟の異名を持つ一倉定《いちくらさだむ》の信念だった。

「事業経営とは何であるか?」を探求し続け、社長に「正しい姿勢」「正しい経営のあり方」を説くことだけに専念した。そして、1999(平成11)年3月に亡くなる直前、病床においてさえも鬼気迫る形相で社長を叱り飛ばしていた。

最期は教え子であるT社長の運営する施設に入られたのだが、社長の計らいで富士山を望める特別室が用意された。

しかし、部屋に入るや否や「社長を呼んで来い!」と一喝。

「君は富士山が綺麗に見えると言ったが、いったいどこに見えるんだ!」

確かに窓からは雄大な富士山が正面に見えてはいるが、ベッドに横になると壁と青い空しか視界に入ってこないのである。

「君はこのベッドに寝たことがないだろう」

「一晩も泊まったことはないはずだ」

あれほど、「お客様の立場になって」「お客様第一主義」と教え、経営計画書に書いてあっても、「君はまだ全然わかっていない」と大目玉である。

会社の繁盛も長い事業の継続も「全てはお客様がお買い求めになられ、満足し、また購入していただけることでしか実現できない」。「この当たり前すぎるほど当たり前のことが、なぜわからないんだ」と常に社長に「喝」を入れ続けていた。


実際、多くの社長は商売上手であり、今現在、お客様のニーズを満たす商品・サービスを開発できているし、リーダーシップもある。

しかし、経営が順調になればなるほど自信に溢れ、やがて慢心し傲慢になり、自分都合が中心となりお客様を忘れた社長がそこにはいる。社員、現場からの意見は耳に入らなくなり、さらに「お客様は日々変化し、目が肥え、新しいサービスを体験し、歳もとっていく」現実を、社長自身が自分の足と耳と目で実感しない限り、次代を担う商品もサービスも生み出せるものではない。

「社長の居場所は常に市場、お客様のところになければならない」とした一倉社長学の原則は、時代を超え不変の哲理なのである。

あるときは、大手メーカーの下請けで赤字に転落したA社長からのSOSを受け、「工場のコストダウン政策では潰れてしまう！」と檄を飛ばし、嫌がる社長とともに販売店の店頭訪問を繰り返し、高級ラインの商品開発と値上げ要請、自主販売の具体策を講じた。

また、不渡り事故で資金難に陥りそうになった社長と経理部長を川崎の自宅に呼び、休日を返上し深夜に及ぶまで資金対策や銀行対策に心血を注ぎ、何としても会社を守り抜くための手立てを考え、実行させ続けた。

全ての権限を社長に集中させ、怯懦《きょうだ》になる社長の背中を押し、強烈なトップダウンで血が流れようと幹部が反対しようと、会社存続のためには泣いて馬謖《ばしょく》を斬ることも断行させたのである。

◉同族、オーナー社長の悩みを知り尽くす

オーナー社長が圧倒的に多い中小企業の経営は、大手企業とは根本的に違う。

社長の在任期間も20〜30年と長く絶対的な権力を持ち、ナンバー2、後継者、経営幹部といえども反対意見は言いづらく、社長が暴走し始めたら止められないのである。

派手な遊興や政治活動、名誉職、情実人事などは論外だが、大型の設備投資や新規事業への資金投入、衰退事業への固執やテコ入れなど、社長が陥りやすい経営戦略の決断ミスは致命傷になりかねない。

ましてや危機に陥ったときには、実際のところ金融機関の支援は期待できない。親族といえども雲散霧消し、社長が全財産、全人生を賭して生き残る道を探ろうにも、誰一人相談に乗ってくれる人もいなくなってしまう。

だからこそ常日頃から絶対に倒産しない会社にするために、一倉先生は溢れんばかりの愛情をもって、社長を叱り飛ばし、ときには鉄拳を辞さない覚悟で「正しい社長の姿勢」を生涯説き続けたのである。

◉なぜ、今でも「一倉定」が注目されるのか？

ネットやアマゾンのお陰で社長が勉強する環境はこの20年で激変した。国内はもとより、アメリカの最新情報だろうが、アジアの流行だろうが、瞬時にアクセスできるため、かえって社長自身が混乱し経営の軸を見失っているように見える。

どんなに正論の経営書であっても売れなければ出版社にとって事業は成立しないので、マーケティングの原則通り、エッジの効いたタイトル、内容、さらには超レアな成功事例を「これこそが最新の経営手法」とばかりに囃し立てる。読めば確かに面白いし、知識が増え、自分自身が成長しているように思えてくる。

特にカタカナのビジネス用語、アルファベット3文字～4文字の略語がくせもので、いかにも最先端のように感じるが、そのほとんどは10年、20年前にも同じような内容で、しかし別の言葉・概念で語られていたことが手を変え品を変え登場している。

若い社長にしてみれば、アメリカの最新ビジネススキルや憧れの社長が語る成功ストーリーであるため、自社に取り入れＩＰＯに突き進みたい衝動に駆られるのはわからないでもない。

しかし、冷静に考えてほしい。サッカーであれば県大会、国体に出るチームが、ワールドカップの優勝チームに挑むようなものである。練習方法さえ参考にならないこともある。

だから私は、勉強会に出席する社長、特に高学歴の若手社長にはいつも、本やベンチマーク企業を見るときの方法論を次のように説明している。縦軸に海外と日本、横軸に大企業と中小、ファミリー企業と置き、４つの象限マトリックスを書く。そして、今の勉強対象がどの象限であるかを確認するように、と伝えている。

『一倉定の社長学全集』（日本経営合理化協会出版局）を改めて読んでみると事業経営の原理原則とともに、会社で働く人間そのものについても説かれており、社長が陥りやすい判断ミス、あるべき姿が多くの体験と指導事例を通して書いてある。

だから、日本の中堅企業、中小企業における同族企業のオーナー社長としての原理原則をしっかり身に付け、自分自身の考え方、経営の軸をしっかり持った後に応用として最新手法を取り入れることを私は勧めている。

基本動作の反復練習の大切さについては、一流のアスリートならば誰もが認めるところであり、事業経営もまたしかりである。一代で1兆円を超える成長企業を築かれた社長が、若い時期に一倉門下生として勉強しておられたのを私たちは見ている。

基礎を固めてその後、多くの勉強で自身の器を大きくし、事業を育て、次世代にバトンを託す時期を迎えたら、『一倉定の社長学全集』を後継者に渡すオーナー社長は今でもたくさんいらっしゃる。原則はいつの時代にも通用するから原則なのである。

スタートアップ時点でイグジット（出口）を考え経営することも否定はしないが、経営の主流になることはない。新しい古いの問題ではない。資本主義、経営に対する多くの日本人の哲学の違いであるからだ。

◉40年前の衝撃から今日の経営へ

私がはじめて一倉先生にお会いしたのは、1979（昭和54）年である。その頃の一倉先生は東京・大阪・福岡の公開セミナー（年間8コース）と個別企業の相談指導、そして経営計画を作成する7泊8日の合宿指導を年2回という超ハードスケジュールでまさに全国を飛び回わっておられた。

60歳を過ぎたあたりだから、まさに脂が乗り切った時期で、獲物を狙うような眼光の鋭さが印象的だった。

私はそのとき大学3年で経営学、会計学を専攻していた。当然ではあるが、一倉先生の講義が大学の講義とあまりにも違うことにショックを覚え、さらに社長がこれほど熱心に勉強する姿に触れ、意味もわからず感動したことだけは鮮明に記憶している。

7泊8日の経営計画作成ゼミでは、今のようにインターネットもユーチューブもない時代だから、本と講義と黒板、さらにパソコンもないから経営数字1つ作るのに電卓とエンピツで深夜、徹夜もザラの超ハードな合宿だった。

そのとき、参加していた若い社長の方は現在でも現役経営者として活躍していて、非常に親しくさせていただいている。私にとって最大の財産である。

それから私は15年間にわたり毎回7泊8日の一倉先生の合宿ゼミに同行し、全国の社長、それもあらゆる業界、事業の栄枯盛衰を間近で見させていただいたことも極めて貴重な体験となっている。

一倉先生とのはじめての出会いから40年間。技術の急速な進化、日本全体の高度成長期、そしてバブル最盛期、１９９０（平成２）年のバブル崩壊から、グローバル化、円高、今日に至るまでの低成長とデフレ環境下の経営、人口減少、リーマンショックという経済環境の激変を乗り越え、事業を成長させた社長の行動とは「変転する市場に沿っての事業変革」の連続であった。

新規事業の開拓、赤字部門からの撤退、新工場への投資、M&A、人材育成、海外進出を成功させた最大要因は「徹底したお客様第一主義」と「強い財務基盤づくり」の両立であり、社長自らが自社の未来を切り拓く「長期事業構想書」「経営計画書」の作成・発表を愚直に繰り返していた成果だと確信できた。

私自身40歳、50歳と経験を重ねるうちに、１９99年に一倉先生が亡くなられた後、親交のあった社長から相談が持ち込まれることが多くなってきた。

会社によっては創業者から息子さんへ事業承継をする時期にあたり、「後継社長の相談相手になってほしい」という要請や「経営計画の作成を手伝ってほしい」「新事業の立ち上げを手伝ってくれ」「どうしても無借金経営を実現したい」など、社長のリクエストは多岐にわたった。ときには、経営危機を乗り越えるために経営戦略を抜本的に見直すという難題の相談やコンサルティングもあったが、資金不足の悩みほど社長を苦しめるものはないことを改めて痛感させられた。

会社が大きくなれば後継者選定の苦悩、相続問題、親子間の確執、兄弟経営など同族企業特有の相談も多くなり、人間の崇高な部分と心の闇、愛憎、人生観や使命感など、社長として、親として、人としての領域が経営にとっていかに大切かを考えさせられることが多くなった。

深夜に電話で延々と堂々巡りの相談・愚痴が続くことも珍しくない。

先日も、10年以上一緒に勉強会を続けている50代の社長が興奮した様子で、会長との経営方針の対立で大ゲンカになった経緯をぶちまけてきた。冷静に議論すれば「オヤジはインフレ育ち、売上至上主義」VS「セガレはデフレ育ち、粗利至上主義」の戦いである。

行司としての私の軍配は明快である。

「どちらがお客様からの信頼が厚いか」「どちらが会社が強くなり潰れないか」「どちらが会社にお金を残せるか」「社員はどちらが幸せか」「どちらが時代の流れに合っているか」等である。

原理原則の多くは一倉先生に教わったが、残念ながら先生の時代には、長いデフレ経済の環境はなく、右肩上がりの市場が基本条件だった。さらには後継社長の立場からの社長学の記述もほとんどないので、社長といえども全権を行使できない会長との対立の悩みを、一倉社長学に求めづらいのも事実である。

不易流行という言葉があるが、同族企業の中堅・中小企業が長く繁栄していくには、親から子へ、子から孫へと伝えていくべき経営の原理原則とともに、その時代時代で社長の「捨てる」勇気と覚悟が極めて重要になることを実感している。

自社株、事業、商品、暖簾は確かに引き継げるのであるが、親子、兄弟といえどもオーナー社長にしか体得し得ない実学を引き継ぐことは難しい。

さらに、大きなお金と権力、名誉、失うことの恐怖、親族への愛憎が表裏一体で絡んでくるのが中堅・中小企業の経営であり、当事者の社長には「観念論」「一般論」が通用しない非情の世界である。

◉「一倉社長学」の継承こそ我が使命

一倉先生を師と仰ぐ多くの社長が集う「一倉社長会」が発足し、異業種間の勉強会も増え、社長学の実践はもとより、家族ぐるみの交流も活発になっていった。そんな中で、後継候補がまだ学生の頃から私自身も付き合いがあり、彼らの成長とともに事業承継の現実を20年、30年の時間軸で見てきた。

誰もが順風満帆に行くわけではない。経営環境の好不調もある中で、後継者の悩みを聞く機会が増えてきた。そんな時期に、「一倉社長会」発足メンバーの会長、社長から一倉先生亡き後の後継世代の教育を託された。一倉会の全国組織の会長を長年務めていただいた田中久夫氏（故人・名糖運輸元社長）の教育指導のお手伝いをしていたことも指名された理由の1つかもしれない。あれから10年以上の月日が経っている。

全国からさまざまな相談や、ときには嬉しい報告が届く毎日である。私は1983（昭和58）年に、日本経営合理化協会に入協し、協会の創業者・牟田學現会長の薫陶を受け、一倉定先生の教えを学びつつ、全国の中堅・中小企業の経営相談に携ってきた。

現在も、先代と後継社長の間に立ち、互いの悩み不満や愚痴、親子だからこそ照れくさくて言えない尊敬と感謝の念を聞き、両者の顔を立てつつ後継社長が立派に事業を引き継げるよう黒子に徹している。

良い会社にしたい思いは皆同じだが、社長の日常には多くの人生が懸かっている。社長の親族はもちろん、全社員の家族と取引先、お客様への責任も1人の双肩にかかっている。

そのために一倉社長学が説く「正しい社長の考え方、行動」「事業経営の原理原則」を後世に伝え続けることこそ私の使命だと考えている。

伝説の経営コンサルタント　一倉定の社長学

目次

第2章 社長の教祖が「カミナリ」を落とすとき

第3章 社長とは「事業を経営する人」である

第4章 一倉社長学を支える「経営の両輪」

第5章 高収益の事業構造に我社を作り変え続ける

第6章

「資金」こそ事業の命

～長期目標バランスシート経営～

貸借対照表(BS)とは、社長の意思でつくるもの

資金運用計画と資金繰り計画の相互チェック

第1章

「社長の教祖」一倉定

ホテルの会場を埋め尽くす社長

東京駅から徒歩5分、皇居前のパレスホテル、地下1階のゴールデンルーム。350名を超える異業種の社長が一堂に集い、大きな声で互いに近況や市場、お客様の情報交換で一種独特の熱気に包まれている。特に前列は10年、20年と通い続けている常連組。親子で机を並べ、家族ぐるみの付き合いをしているオーナー一族も多く、さながら同窓会の雰囲気である。

午前10時きっかりに、ざわついていた会場が一倉先生の登場とともに、ピーンと張りつめた空気に変わり、社長を叱り飛ばすような、教え諭すような一倉節が午後4時まで続き、初日の夕方、希望者の個別相談の長蛇の列が続くのである。

私の手元には、当時、一倉先生が講義で使用していた受講用テキストが8冊（2月から始まって年間8

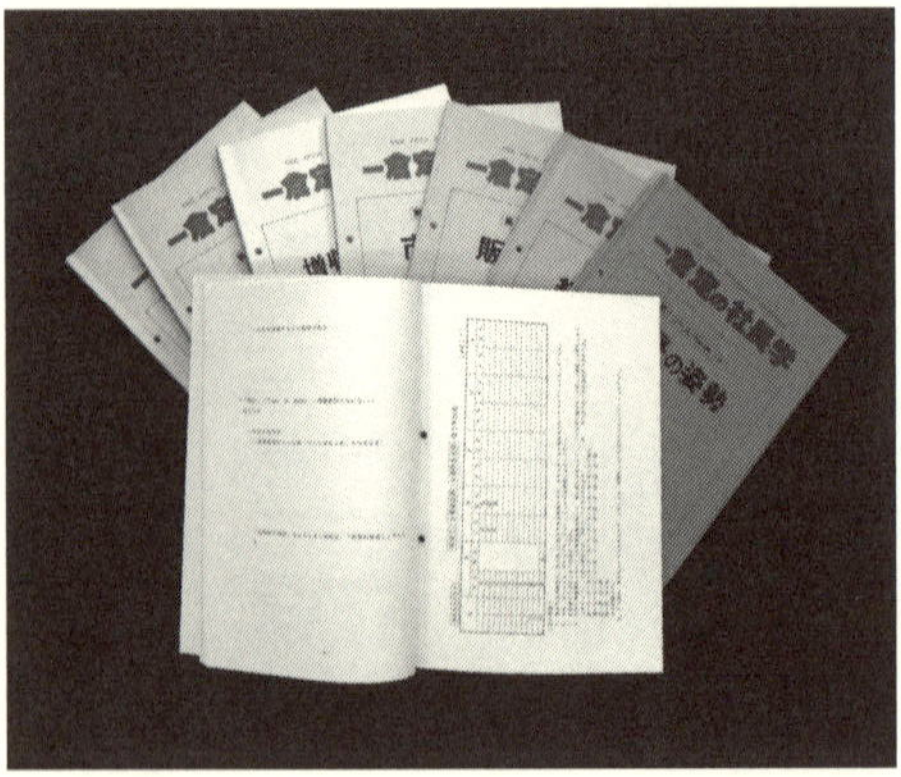

コース各2日間、東京・大阪・福岡）あるが、今でもページをめくっていくと、行間から先生の声が聞こえてくるようだ。

「いったい、社長はどっちを向いて経営をしているんだ！」「業績不振を社員のせいにするとは、社長の怠慢以外何物でもない」と睨むように怒鳴る声が響いてくるのである。

◉10年、20年と通い続ける社長の心境

当時、若かった私は、毎年毎年同じように聞こえる話を、多くの社長がなぜ高いお金を払ってまで聞いているのか不思議に思っていた。親しくさせていただいた社長に尋ねたことがある。「傘屋さんの事例の次は、千葉の食品工場の商品開発で……、と次の冗談まで覚えているほどなのに、なぜ出席されるのですか」と。

K社長はニヤッと笑って「同じ話でも、聞くこっちの聴き方で、営業方針を変えなきゃとか、新事業の糸口が少し見えて腹が据わったなど、気づきが毎回違ってくるんだよ」と話してくれた。

また、富山から来られているA社長は一倉先生に、「とにかく3年間は私の講義を聴き続けなさい」「それと、なるほどと思ったことはとにかく決めて実行しなさいと諭され、素直に従ったんだよ」と。社長のあり方に悩んでいた当時の自分には、考え方の違いに驚くば

かりで、3年のうちに会社がみるみる良くなり、「いつの間にか、一倉教の信者になっていた」と懐かしそうに話されたのである。

そして、初日が終われば、あちこちの仲間が夕食を兼ねて集い、経営論を肴に自分の体験や考え方を戦わせて2日目の朝を迎えるのが、毎回の講義風景であった。

夜の宴会も実際には勉強の貴重な場で、「他業種では当たり前にやっていることが、自社の問題解決の決定的なヒントになったり」「先輩社長の体験談が、今の自社の兄弟経営の参考になったり」と、なかなか地元や同業の集まりでは相談しづらいことも実学ベースで活発に議論されていたのである。

身一つで会社を起し、売上を10億、30億、100億と伸ばして今日を築いた人たちは、幹部の造反、取引先の倒産、値崩れ価格競争や親族争いなど皆、同様の経験を乗り越えてきているので、そこには社長にしかわからない苦労があり、本音で語り合える「同じ価値観を持った仲間こそが最高の財産」である、とも教わった。

◉本質の力 ～流行の経営、不変の経営～

大阪の金属加工業の社長は、一倉先生の教えを「背中にズドーンと太い柱が建ったようだ」と表現された。お陰で迷いが吹っ切れたとも。

もちろん、その柱は人によって「お客様第一主義」であったり、「環境整備」であったりする。有名になった「電信柱が高いのも郵便ポストが赤いのも社長の責任」「経営計画書」「事業の定義づけ」など、社長の生涯を通して変わることのない信念を形作っているのである。

先年亡くなられたユニ・チャームの創業者、高原慶一朗社長（当時）もそのお1人で、大変勉強熱心な方であり、東部一倉社長会の主要メンバーを長年務めていただいた。ご自身の著書の中でも「原因自分論」という独特の表現で社長の覚悟を表明し、言い訳をせずお客様である女性の満足・不平不満の解消に経営資源を集中され、社業発展に尽力されておられた。

一倉先生は、何年経っても「変わらない事業経営の根幹」を社長に叩き込むとともに、事業の繁栄は進化、複雑化するお客様の要求を満たすために「我社を作り変え続ける社長の姿勢」こそ大事であるという教えは、いかなる業種でもいつの時代にも通用するのである。

しかしながら昨今気になるのは、欧米から直輸入したカタカナの経営用語の氾濫であり、この概念こそが新しい経営であるという風潮である。しかし、新しい経営概念も5年もすれば誰も口にしなくなり、また新しい用語が取って代わるのである。

言葉は魂であり、長く生き続ける言葉こそ本質であり、それを見抜く力を社長は持たなければならないのである。

◉一倉先生の「一喝」で1年は大丈夫だ！

そんな社長が毎月集う勉強会でも、特に2月の年最初のコースは特別な光景が見られる。

自分の予約した席にも座らず会場の外の前室で、天井スピーカーから伝わる先生の肉声を聴いている社長が数人いるのである。テキストは一応広げているがメモは取らない。コーヒーは飲み放題だったのでコーヒー片手に、ときにはタバコを吸いにどこかへ行ってしまう。

「あの〜S社長、いったい、何やってるんですか？　講義も聞かないで……」と聞くと、「いいんだよ！　ここで一倉先生に怒られてれば身が引き締まって、1年間ぐらいは油断しないから」と。続けて、「お陰様で業績も順調になったら、ヨイショを言いに来る人はいても誰も文句を言ったり、叱りに来る人がいないんだよ」「どんなに気をつけているつもりでも、ついつい調子に乗って傲慢になるのが一番怖いからなぁ」と。

10時間の講義の中で、「あ〜、あれやってないな〜というのが1つあれば充分なんだよ」「いっぱいメモ取ってもそんなにいっぱいできないし」。

確かに会場の後方で熱心に一言一句聞き漏らすまい、また頭も上げずびっしりノートを取っている社長ははじめてに近い方が多く、ベテラン組は中空を見つめながら、たまにボールペンで何か単語を書いている。

今ならその聴き方も理解しているが、私も初年兵に近かった当時は不思議な光景であった。

会社、お客様の現場、工場内、営業マンの商談風景など、社長の頭の中には映像としてくっきりイメージができており、一倉先生の言葉が「これではダメだよ！」と聞こえていたのだろう。その一番の姿が「社長自身が満足し、わがまま、傲慢になってお客様を見ていない姿」なのである。

S社長はお約束通り翌年2月にも、1杯2万〜3万円になるコーヒーを飲みに来て、怒られている自分の姿を思い浮かべ、また1年間走り続けるのである。

机上の「べき論」を嫌い、徹底した現場・現実主義の指導

一倉先生が最も嫌ったのが、経営学と称し実質は内部管理学でしかない観念論と人間関係論である。会社の内部にあるものは全て経費であり、経費をどう扱おうが業績は伸びない。競合の動きも営業最前戦の苦悩もない人間関係論に至っては「会社が潰れないことを前提にした平和な春の野のピクニック理論」と手厳しい。

売上利益の向上は、会社の外におられるお客様を訪ね、欲求、不平をつかみ、満足する商品・サービスを提供することでしか実現しない。この当たり前の現実が、先生自身の幹部社員時代の倒産体験と数多くの指導現場で血を吐くような努力で体得した根本思想である。

だから社長への指導は、資金の確認を早急に終えると、お客様を訪問し自身の目で見て、お客様の声を直接聞き、ご要望を実現するために、社内がどんなに混乱しようともできる方法を考えさせ実行させたのである。

そこで社長が、営業からの報告をそのまま話そうものなら、たちまちカミナリが落ちる。自分の目と足でつかんだお客様のことと聞いた話の違いを、たちどころに先生に見抜かれてしまい、会社の存亡に関わることを社長自らやろうとせず、社員任せにする性根を徹底的に叩き直されることになるのである。

◉キレイな理屈通りに社員は動かない

社長であっても多くの場合、口ではお客様第一と言いながら実際には自社の都合第一、会社の目先の利益重視で行動するのであるから、社員はなおさらである。

私も実際にレストラン経営の社長と一緒に店舗回りをしていたときに、こんな事件に遭遇したことがある。社長と2人で昼食を兼ねて試食をしていると、社長が首をひねり始めた。「どうしたんですか?」と聞いてみると、不安そうな顔で答えるのである。

「いや〜、スープの味がちょっと違うような感じがしてね」と社長が言い出し、さっそく、店長にテーブルに来てもらった。社長が「スープ、何か変えた?」と聞くと、「いいえ、何も!」と店長がもじもじ答える。

社長は何か感じ取ったようで「〇〇店長、怒らないからどうしたのよ?」と聞き出すと、店長がうつむきながら「最近、お客さんが少なく赤字が続き、社長にこれ以上迷惑をかけられません」と話し出した。コストを下げ原価率を守り、利益を確保するためにスープの素材を安い材料に変えたとのことであった。

決して悪気があってのことではなく、利益責任を感じて店長は店長なりに考え、結果的にお客様を失う努力を一生懸命やっていたのである。

多くの経営学者が「モチベーションを上げ、業績を伸ばすために社員の自主性を重んじなければならない」「権限をもっと与えなければヤル気を出さない」など、もっともらしいご高説を最新のマネジメント論として指導している。

確かにごく一部の社員にとっては有効だろうが、中堅・中小企業の現場で起こる数々の信じられないトラブルを見ている一倉先生は「机上の空論」「社員とはお客様に対して責任を持たない人種と知れ」とまで言い切り、マネジメントこそ経営であるという議論を「百害あって一利なし」と断じている。

今ネット上で問題になっているバイトテロにしても決して他人事ではなく、いつ我社で起こっても不思議ではない。

一倉先生は40年も前の書籍、『人間社長学』（産能大出版部・1971年）の中で、今日を予言するかのように、「社長が『社員は僕の思う通りに動いてくれない』と思うのは、明らかに社長の誤りである。自然の成り行きに任せたら、社長の目の届かないところで勝手な判断が横行し、お客様の信用をなくし業績を落としていく」と書き残しているほどである。

◉社長の人材待望論を徹底的に排す

では、「社員に何を期待するのか？」、また「社員の役割とはいったい何か？」について考える。

この根本的な、かつ抽象的ではあるが重要な問いに一倉先生は一言、「社長が決めた方針を確実に実行する」ことと定義している。業績の結果責任は全て社長が負い、社員は決めたことに対しての行動責任が全てである。

そして、社長と社員の間にいる管理職の役割は、部下の行動を管理することではなく

「社長の意図を実現する」ことである。そのために「社長方針の理解」が一番大事であり、意図・方針を実現するために、社員一人ひとりへの徹底を図ることこそが管理職の仕事である。こうした意識改革もまた社長の仕事なのである。一倉先生は、社長と社員の役割を明確に示されている。

この原則を理解せずに、マネジメント論中心の管理職教育をやればやるほど、管理職の関心は部下のほうに向く。業績、それも全社視点での業績に目がいかなくなり、社長の方針とは相当にずれた行動が繰り返されてしまうのである。

そして、社長は原因がわからずイライラして、一倉先生の前で決して口に出してはいけない一言、「ウチには有能な幹部、社員がいなくて〜」とつい言い訳をし、人材待望論を語ってしまうのである。この後は、皆さんの想像通りの結末が待っている。

一倉先生は、社員に期待していないわけでもなく信用していないわけでもなく、むしろ若手の積極的な抜擢人事を勧めている。

しかし、社長が絶対にやらなければならないのは、経営計画書に「方針の決定」や「どんな会社を目指すのか？」、「〇〇年後のビジョン」等を文章に表し、全社員の前で発表することだ。これこそが、最重要業務なのだが、忘れがちになる。「社員に期待をする」という耳にやさしい人材待望論にすり替える思考を許さず、社長の徹底した意識改革を迫っていたのである。

実際、目の前で叱られている社長を、周りの社長が心配するほどの怒鳴りようだった。後に詳しく出てくる「天動説の経営」と「地動説の経営」の違いも、社長個人の意識レベルで腹落ちすると、全ては「社長の責任」と言い切っている先生の言葉が「人材待望論を排す」意図と同じであることを悟り、ますます一倉教の信者となるのである。

この気づきに至らず、1〜2回の勉強で表層的に聞いて、先生の真の愛情を感じ取れなかった社長は少なからずおられ、袂を分かっていった。こればかりは仕方がない。

◉目の前で起きている事実に基づく戦術立案

社長の意識が変わっていくにつれ、見えている風景は昨日と同じでも、徐々に違って見えてくる。社長自身がお客様訪問を繰り返していくと、直接お叱りを受けることも、また気がついたサービス不足もたくさん出てくる。

中小企業の社長の凄いところは、思ったらすぐやる実行力である。ただし、百発百中とはいかない。ここでの社長の決断が繁盛と衰退の分岐点になる。熟慮して会議にかけ意見を聞くと、リスク面が強調され、結局現状維持に戻ってしまう。組織も社員も変化することを極端に嫌うのはパーキンソンの法則を学ぶまでもなく、官僚や社歴の長い大企業を見ているだけでわかるはずだ。

　上手くいかなかったときの責任を誰もが恐れ、不況や競合他社との価格競争、人口減少など言い訳を山のように用意する。だから、結果責任は全て社長、徹底的な実施責任は社員で走り、結果が出なければ朝令暮改、朝礼朝改も辞さない覚悟で、新戦術を強引に進めなければならないのである。

　何もしないよりは確実に業績に反映する。たとえそれが僅かな利益増であっても業績向上への第一歩を踏み出すのである。

　社員は誰でも売上を伸ばしたい、利益を上げたい、お客様からありがとうと言われたい、人の役に立ちたい、自分の仕事に誇りを持ちたいと思っている。そして、こうした社員たちの気持ちに応える環境を整えることが社長の役割であり、業績が上がって誰よりも社長自身が喜ぶのである。万が一結果が出なくても、決して社員を犯人にしてはいけない。

　もうわかっているとは思うが、「業績責任は全て社長」なのである。

　ここで、ベテラン社長が犯しやすい失敗例がある。全ての出発点はお客様・市場の要求であり、まだ顕在化していない不平不満であると聞いて、さっそくお客様訪問をするのであるが、久しぶりに来られた社長にズケズケ文句を言う人はめったにいない。

社長からすれば、今の商品政策、営業体制で問題なしとして、もう市場がわかったつもりになり、自信をさらに強めてしまう。もともと商売上手なわけだから、成功体験も豊富で、上層部の人脈も活きている。仕入れ担当の責任者も多くは年下だから、なかなか言いたい本音を漏らさない。サラリーマン社会では肩書の上下は相当に力を持っているから、当然、業績不振の真の原因は暗闇の中に埋もれてしまうのである。

ただ社長が本気になれば何でもできる。前出の有名社長は、名刺を営業本部長に変え全国の販売店を1人で訪問し、店頭の声にひたすら耳を傾け販売戦略を再構築していた。社長だと直接言いづらい話も、営業本部長には直球が飛んでくる。だからいいのである。

東京観光で有名な「はとバス」の苦境を見事V字回復させた宮端清次社長は、日曜ごとに自腹を切ってバスに乗り込み、お客様と一緒に観光地やレストランを巡る中で口々に出てくる不満の声を集め、一つひとつ解決し人気を戻した。

宮端社長が社長を退任された後、私はいろいろ教わった。たとえば、「同じバスに家内と乗っていると、誰も社長とは知らないので、お茶がまずい、ご飯が冷たい、あれはダメだ、これはダメだと宿題を山のようにいただいた」と。

そして社に戻り、「会議で問題点をただすと、やれコストが上がる、時間が読めない、それは業者の問題でウチには関係ない、とやれない意見ばかりで一向に改善が進まない」。そのうち「うちのバスに社長が乗っているらしい」という噂が流れ、あるとき、東京駅に帰着すると、幹部2人が出迎えに待っていた。

さすがに頭にきて「そんな時間があったら自分で乗れ！　どっち向いて仕事してるんだ！」と声を荒らげたという。

一倉先生の指摘通り、社長自らが本気で動き、正しい姿勢を貫けば会社は変わっていく。「少なくとも3年間は聴き続けなさい」「そしてすぐ実行しなさい」と指導している真意がここにある。一つひとつは小さなことであるが積み重なれば大きな差となって、お客様に支持され、利益に跳ね返ってくるのである。

魔法の書と呼ばれる「経営計画書」作成合宿、7泊8日

先に紹介した通り一倉先生の講座は東京・大阪・福岡の3会場を基本に年間8コースで組まれていたが、特別コースとして「経営計画作成合宿」が年に2回開催されていた。

期間は7泊8日の長丁場であり、全国から8コースを終えた社長が60〜70名参加されていた記憶がある。

私自身、はじめて合宿を覗いたのは20歳、大学3年の頃だ。アルバイトの使い走りとして、宮崎フェニックスに連れて行ってもらった。数えてみれば、40年も前である。

予備知識は当然ゼロ。大学の20年先輩にあたる日本経営合理化協会の石井義隆企画部長（当時・後に専務理事）に、「美味いモノ食わしてやるし、飛行機にも乗れるぞ」とおだてられて2つ返事で、野獣のような人たちが集まっていることも知らずにルンルン気分のまま会場へ向かった。

ありがたいことに、当時若手社長として参加しておられた方が、今は会長になられてはいるが現役で頑張っておられ、息子さんたち後継社長のことでお電話をいただいたりする。ご縁とは本当に不思議なものである。

◉一倉先生の意外な、開講の第一声

ホテルの広い会議室は人数分の机でびっしり埋まっていて、テーブル1つに社長が1人ずつ座っている。窓の外は見渡す限りの太平洋、眼下には有名なゴルフ場。リゾートホテルには不似合いの机の上には経営資料、ファイルがど〜んと積んであった。今のようにパ

ソコンはないので当然である。

会議室内には、掟がどうもあったらしく「先輩社長」（合宿経験者）と「初年兵」という区分があり年齢に関係なく、先輩が相当威張っていた。さながら映画で見る軍隊である。

いよいよ先生の講義開始となり、アルバイト君の私も一番後ろの事務局机でボ～っとしていた。先生は開口一番「さあ、同じ釜のメシを喰う仲間ができた！　勉強はそこそこに大いに先輩と同期と遊べ！」と語り出した。肝心の計画書は「なかなか書けないと思ったら先輩の計画書を見せてもらえ」。極端に言えば、「糊とハサミで経営計画書を作れ！」と言っているようなものである。

もともと野獣の集団であるから、夕方近くになると会議室に人の姿はなく、こちらがそろそろ部屋に帰って寝ようとする頃に、酔って帰ってきて机に向かい始めるのである。そして、方針書を書いてはみたもののまとまらず、できたと思って先輩に見せると「本気で書いてないだろう！」とボロクソに言われてまた書き直しとなってしまい、いつしか会場は不夜城となる。

「これで、社員の皆が理解でき、同じように動けるか？」「現場ちゃんと回ってないでしょ？」と先輩社長は初年兵社長に、自分の経営計画書を見せながら、具体的に書くとはどういうことか、先輩も苦労した点をアドバイスしていたのである。

だから、通常の2日間講座が全国どこであろうと、会場に行けば10年来の知己のごとく語り合える仲間がいるのである。まさに同じ釜のメシ、戦友である。

◉自らの手で書くことの奥深さ

一倉先生の指導する「経営計画書」は当然のごとく「数字と文章」からできているが、社長にとっては二大鬼門である。数字嫌いと文章下手の社長が多いからである。しかし、社長は本来人一倍、商売は上手いから会社を大きくしてきたが、経営戦略の全てが頭の中に入っていて高速カン（勘）ピューターで決断し指示を出すが、これまではあらゆる命令を口頭で出してきている。

さらに悪いことに毎回微妙に話す内容、重点が違ってくるので社員は混乱し、一人ひとり受け取り方が違ってきてしまう。実際には間に管理職が入り自分の理解で現場指示を出していくので、大きな伝言ゲームをやって部門間の連携は悪くバラバラの経営になっている。

だからこそ、正しい「経営計画書」を立て、全社に発表し、文章で徹底することの意義は大きい。「経営計画書」をつくることが、社長の仕事なのである。

では、何を書くのか？

①社長自身が持っている経営理念に基づいた「我社の未来像」と実現のための行動指針「方針書」である。～これが「経営計画の魂」
②この「方針書」にそって経営目標となる「目標貸借対照表」「売上利益計画」「資金運用表」の3表を作ることである。～そして、これが「経営計画の仏」となる。

当時はパソコンもエクセルもない時代なので、皆シャープペン、万年筆をもって原稿用紙と格闘して、何度も書き直し、建前でなく本気で思っていることを、具体的に書くのである。そして、人の借り物でなく自分の考えにもとづいた方針書ができてくるのだ。

書くことは思考することであり、足を運んで自分で見ていないものは書けないことにも改めて気づき、毎年、毎年方針書が具体的に進化してくるのである。最難関は資金運用表と目標貸借対照表（「目標バランスシート」と呼んでいた）の数字の入れ方がわからず、徹夜組が出るのは日常だった。しかし、ここでも先輩が懇切丁寧に指導していた。数字がピタリあったときの感動はやったものでないとわからない。

今思えば、「エクセルで数分の作業を……、なぜ？」と考えるが、エクセルで経営目標の数字がキレイにプリントアウトされて出てきても、なぜ、この数字が動くのか？　実際の仕事、経営判断と結びつかなければ、社長の実務では全く役に立たないのである。

手で考え、電卓を叩いている頭の中には、大きな機械を投資した工場の映像が浮かび上がり、製品が出荷され、売上が立ち、減価償却費が発生し、銀行へ返済をしている一連の流れが、数字と行動が一緒になってぐるぐる回っているのである。

◉7泊8日の長期合宿の意義

中小企業の社長が、海外出張並みに約10日間会社を空けるのは思った以上に勇気がいるものである。実際に「経営計画」作成合宿の参加に二の足を踏む人も多かったように聞いている。今のようにネットも携帯もないのだから、留守の会社が心配で仕方がない。

しかし、一倉先生は「社長が会社にいるから幹部が育たない」「知りもしないで下手に仕事の指図をするから混乱する」「あんたなんか会社にいないほうがいいんだ！」と全く取り合わなかった。ただし、会社の代表印の管理だけは留守中に勝手なことができないよう注意していたのである。

そうは言われてもはじめての社長は、3日目くらいまで会社の様子が気になって気になって、我社の未来像どころではない。ただし、多くの場合、電話もかかってこない。4日目あたりから、やっと社長の気持ちが会社から離れ、自分の会社を客観的に見られるようになり、頭の中も「今日現在の仕事」から「未来の我社のあるべき姿」へと徐々に思考が広がっていくようだった。そのように、先生から教わった記憶がある。

だから、合宿ホテルは会社に簡単には戻れないところ、海外がいいんだということで、随分以前から東南アジア各地で開催していた。私もオーストラリア、カナダのバンクーバー、韓国の済州島にも手伝いに行かせてもらった。

晩年は日本食の準備もあり、沖縄のムーンビーチホテルに何年も通ったが、先生は「携帯電話は計画書作成には邪魔だ！」と常に言われていた。距離は離れていても毎日のように電話やメールが来る環境では、意識は会社の中にあり、日々の細かいことが気になり社長として一番大切な「長期事業構想」を練るのに集中できないのだ。

集中すると徹夜組が何組も生まれ、なかには夜通し議論を戦わせ、極まれに社長同士が意見の違いからケンカになるほど真剣な姿もあった。その光景は感動ものである。会社においては「会社のことが集中して考えられない」。何とも皮肉なことだが、体験者は皆さん7泊8日の意義を充分理解し、毎年の重要行事にして我社の未来像を想い描き確実に実行しておられた。

◉銀行の支店長も法人部長も驚く「経営計画発表会」

いよいよ我社にとっての「第1回 経営計画発表会」になる。しかし、その前に試練がもう1つ。はじめて「経営計画書」を作成したあと、合宿終了後に「チェックの会」という一倉先生との個別面談があり、初年兵社長たちは特に緊張した面持ちで内容の最終確認をしてもらうのである。

はじめての「経営計画書」の特徴は大きく2つ。1つは、現場の実態をよくつかんでいないため、先輩方の計画書を参考に「どの会社でも通用するような一般論、べき論」が並んでいること。もう1つは、思い入れはよくわかるが、「あれも大事、これも大事で紙数が溢れ100ページ以上になる超大作」の経営計画書になってしまうケースである。

こんなとき、一倉先生はニヤニヤしながら、「社長！ 誰がこんなにたくさんのことをできるんですか？ 講義であれほど重点主義について話しているのに」「経営計画ももっと重点主義で進めないと」と言って半分呆れたような、でも半分嬉しそうにアドバイスしておられた。

そして、発表会を3～5年と続けるうちに、「自社独自の計画書にしていきなさい」「とにかく発表会を開催し続けることが一番大切ですから」と言っておられた。

「チェックの会」の個別面談の会場前で詰めていると、「これはヤバイ！ カミナリが……」と思いきや、先ほどのようなニヤニヤも多く、途中から「一生懸命やっていての内容の良し悪しには寛大で」「できることを怠慢、手抜きで……」のときにヤバイ状況になると想像がつくようになってきた。

発表会では、新たな「経営計画書」の一言一句を社長が独演会で読み上げ、質問は禁止というスタイル。そして、ゲストに金融機関の支店長もしくは本店の役員を招かれること、合宿でお世話になった先輩経営者、同期の社長を招いて激励のスピーチ、祝辞をお願いしておくことなどの要所を押さえホテルにて開催に臨まれていたのである。

緊張のうちに発表会が終わると、全社員が一堂に会し、食事会、懇親会となって明日からの実践を誓うわけだが、今でも共通する一言が銀行関係者から聞かれる。

「いや〜、はじめてこんな『経営計画発表会』に招かれ驚きました」、それも「失礼ながら大手でもないのに」と、我々サイドには本音を漏らしてくれる。毎年発表会を開催している会社でも、「前任の支店長から申し送りを受けており、実は楽しみにしていたんですよ。私が一番勉強になりました」という声も多いのが実際である。

社員が1つの方向に向かって、具体行動でやることを明示され、1年後には損益計算書（PL）がこうなり、貸借対照表（BS）を目標数値で示されていることはまれである。

金融機関の信頼を得て、協力関係がより強固になっていく姿は今も昔も全く変わらない。

◉会社の将来も、社長の人生も、社員の幸福も、この1冊に

一倉先生を師と仰ぐ社長数千人のほとんどは、創業社長、オーナー社長だった。大手企業のグループ会社の社長もおられたが、どうしても任期の問題がついて回る。どんなに業績を良くしても、後任の社長が違う路線を取りたがり継続が難しいのが難点である。

その点、上場していても同族企業は社長が20年、長ければ30年と経営をするために、経営理念の浸透や社風の強固さが際立っている。私が知っている企業でも、親子三代はごくまれだが、一倉イズムで親子二代30年、40年継続の繁盛企業は全国に本当にたくさんいらっしゃる。

経営理念がブレない、会社の運営基本方針が変わらないというのは、幹部にとっても非常に仕事がやりやすく一生を社長とともに歩むことができる。定年が延びる昨今ではあるが40代、50代になって、これまで信じてきた中心軸が変わってしまうのは、社の方針とはいえ気持ちの整理がつかないものである。

環境が変わり、事業や扱う商品が変わっていっても問題はない。しかし、社長の経営哲学が変わり、会社が目指すべきものが変わることとは別次元なのである。

オーナーの生き方、経営理念に代表される基本方針は、全社員の目指すべきものである。毎年の計画書はどうやってお客様を増やし、喜んでいただけるかを、その戦略、戦術は常

にお客様の変化に合わせて発表会ごとに変えていくものである。こうした中で、若手社員は先輩を見習い「会社らしさ」を形成していく。

社員にとって一番の幸せは一生続けられる仕事があり、自分の職場がなくならないことである。多くの「経営計画」はどうやって業績を伸ばすかが中心であるが、一倉先生の指導は事業継続を第一義に置いて「潰れないための必達目標」から出発し、「手堅い、強い財務」「リスクに強い事業体勢」を目指すものである。

大手と違い、中堅・中小企業は、社長の1つの決断ミスが破綻の引き金になりかねない。長期事業構想と短期計画を毎年見直すことで、油断を防ぎ、後手後手にまわりやすい自社革新を弛まず続けていくことができるのである。

一生涯勉強、継続こそ力なり

多くの勉強会の仲間が集い、互いに切磋琢磨し自社を繁盛させていくために、東京を中心に東部一倉会が発足、また大阪を中心に西部一倉会、そして九州一倉会、北海道一倉会ができ、「一倉先生の教え、良く学びよく遊び」を実践し、勉強にゴルフに研修旅行に家族ぐるみの交流が今も続いている。

また、経営計画作成合宿の同期生を中心に「ゆめ倉会」「凡倉会」「シンクタンク」「鬼倉会」ほか数えきれないほどのグループが毎期毎期発足し、交流の輪は全国に広がっていった。考えてみると大恩師に向かって「鬼」だとか「凡」だとかよく名前をつけたものである。先生もまんざらではなかったようである。先生はやんちゃな社長は大好きであった。

◉今も「一人合宿を張る」社長の執念

その先生も1999年3月に亡くなられた。もう20年になる。

先生が亡くなってからも社長会を中心に勉強会はいろいろな形で続いているが、毎期の計画を立てるために、毎年沖縄のムーンビーチホテルに部屋を取り「一人合宿」を張っている社長もいらっしゃる。社長にとっての聖地、「経営計画書」の出発点である。

また、ある社長は約1週間であるが都内の大好きなホテルに缶詰めになって、電話禁止を社内に徹底し、我社の5年後、10年後を見据え事業構想を練っている。会社がどんなに順調であっても先生の教えを思い出さざるを得ない環境を自ら作ることは極めて大事である。人間は人には厳しくても、自分にはけっこう甘いものである。

20年も30年も経って、あらためて『一倉定の社長学全集』を読み直している社長も数多いし、息子に1セットプレゼントした社長、上場企業を一代で築いたK社長は、グループ企業の5人の社長全員に配って、次世代の経営のために一から勉強させている。

社長として背負っているものが大きいだけに、自社の経営の基本軸をブラさない工夫は心だけでなく形からも固めておく必要がある。

◉厳しい環境のときこそ発表会が活きる

5月のある日、毎年発表会に参加していたT社の社長から電話をもらった。「7月が発表会であるが、今期は見送りたい」旨の相談であった。ほぼ決めている様子は声のトーンから明白である。理由は「業績の低迷で……」と、歯切れが悪い。

即座に、「絶対やるべきだ！　一番大事な行事をここでやめたら、社員は何を信じて頑張るんだ」と応じたが、1度萎えた気持ちはなかなか戻らない。その後、何人かの友人の社長にも中止の意向を伝えようとしたが、全員が「厳しいときこそやらないとダメだ！」と発破をかけられ、やっと本人もその気になった。

それまでは好調に進んでいたから自信満々だったが、見栄も手伝って悪い決算には耐えられなかったのだろう。結果的には前期の反省を充分に織り込んで計画書も念入りに作り込み、毎月の実行チェックも抜かりなく実施したため翌年は好決算となり、激励とともに叱ってくれた社長仲間にお礼を言うこととしきりであった。

一倉先生の教えの中に、見落とされがちだが「徹底力」という言葉が出てくる。好調が続くと甘くなることは先に述べたが、「経営計画書」を作ることで満足してしまい、実行確認が幹部も社長もおざなりになっていくのである。

事業であるからどうしても景気を含め波はあるが、業績の振るわないときこそ啓示と思い、「全ては社長の責任」を思い出し絶対に逃げないこと、他責としないことである。二代目社長、長く続く会社の後継社長にとっては特に大事な社長の要件だと思っている。

◉社長にとっての10年間はあっという間

継続して「経営計画書」を作り続けると会社の質の向上とともに、計画書も我社独自の風格が出てくる。一倉会の幹事を長年やっておられた会社の社長室に伺ったときに、1冊目の「経営計画書」から今日に至るまでのファイルを見せていただいたことがある。

記念すべき1冊目は10ページあるかないかの薄いもので、手書きコピーを綴じたものであった。4年目あたりからA4判のカチッとした冊子になり、30数冊に及ぶ会社の歴史が記されていた。

「振り返ると、あっという間の30年だなぁ〜」と社長は言っておられた。ちょうど高成長が続いた時期からバブルがはじけて金融危機はあるし、デフレは続くし、土地は下がり続けるし、「今日と明日のことを考えるのが精いっぱいで気がついたら65歳を過ぎていた」と謙遜されたが、無借金経営を維持し地元では有名企業である。社員の教育も徹底しており、名社長は年齢とともに教育者になっていくことは、どの業界でも共通しているようだ。

会社の質は結局、「社長の質×社員の質」かもしれない。

社外秘である「経営計画書」であるが、H社長はユニークな人で、ライバルに見せても大丈夫だと公言してはばからない猛者だった。真意を図りかねて問うたことがあるが、「同業がこれを見てマネしようとすると社内が空中分解するからね」と意味不明なことを言うのである。

「カタチだけマネても、社長も社員も〝心〟が育っていなければできないんだよ」

「本物になるのには最低でも10年以上かかると思うけど」、そして「なにより社長が率先してやらないと社員はやらない。やれやれ言えば、多くの社員は辞めるから」と。

社長の人生は思った以上に短いし早い。強くて良い会社を育て上げるのに、そんなに時間は残されていないのである。

第2章

社長の教祖が「カミナリ」を落とすとき

迎えの社長車でも突然カミナリが落ちる

「あそこで一倉先生に怒鳴られなければ、今頃ウチの会社はなかったかもしれない」

「いや〜、あれだけ真剣に叱ってくれたのは、一倉先生だけですよ！」

「こっちが先生の血管が切れるんじゃないかと心配しましたからね〜」

不思議なことに社長が集まると、自分のほうがもっと叱られた自慢大会になる。

◉社長の一言で「あんたに何も教えることはない」

長年、一倉先生が定期指導をしていた会社で、いつものように駅に社長が迎えに行ったときのこと。会社に向かう車中で、先月の課題の進捗の話になったが、全く進んでいない理由を社員のせいにして言い訳してしまった。

その日はあいにくの雨だったが、先生がいきなり語気を強め「車を止めろ！」と言った。そして、傘もささずに歩いて駅に向かって帰り始めたのである。驚いた社長は先生を車に乗せようと説得するが、「雨がなんだ！ 軍隊の行軍に比べれば何ともない！」。やはり、戦前生まれは筋金入りである。

でも、この社長（現在は会長）は、「〝鬼倉先生〟は本物だ」と言って、生涯の師としてその後も指導を受け高収益企業を築いていかれた。

経営の勉強をしている社長は実のところ、さまざまな先生の勉強をしていて、比較的権威者の話、大会社に育てられた社長の話が大好きでよく聞いていた。

S社長が一倉先生に相談があるというので診てみると、明らかに身の丈を超えた過剰管理で経費倒れの状態だった。中堅企業でも「最小管理」で充分とする先生の組織階層の削減アドバイスに、「これは○○のやり方で……、こういう場合どうするんですか？」と重箱の隅をつつくような問答がなされた。

こうなると道は2つ。「当然カミナリ」と、もう1つ。先生がプイっと横を向いて、「人に話を聞いて実行する気がないなら、あんたに話すことは何もない」と黙ってしまう場合である。

ただし、目は鋭い三角であるが。

言い訳、他責もダメだが、やりもしないで机上のリスクをあれこれ論ずる社長を一番叱っていた。現状は厳しい業績なのに、変化を止めているのが社長本人であるから、まさに怒り心頭。

「やりもしないでぐちゃぐちゃ言うな！」と。

本気でない社長には、「一倉はあんたの相手をするほど暇じゃない！」と、さっさと席を立つのである。

◉工場の玄関に着いた瞬間、「帰る！」

「環境整備」については、伝説がいくつも残っている。

『一倉定の社長学全集』でも、講義の中でも、環境整備の重要さを「社員に意識革命を起こす」とまで紹介されるが、最初は多くの社長はそこまで実感していない。

業績の低迷で苦しんでいるときは皆、先生に「即効薬」を求めているからなおさらである。飲食チェーン経営の社長も店舗視察に先生をお連れして、販促・集客法の相談をしようとしたが、店内のゴミ箱を見た瞬間「カミナリ」だった。さすがにそのときは同席していなかったが、社長がそのときに、続けて商売の相談を切り出したから、ここでは書けないような大変な状態を招いたのである。

また、K社長は長年勉強し、やっと工場を見ていただこうと遠路、先生を招いた。車で本社工場に着いて玄関のドアを開けようとした瞬間、

「なんだ！このガラスの汚れは！これでは工場を見るまでもない」

と言って、本当に東京へ戻ってしまった。

先生が個別指導で地方に1日がかりで行くのには相応の費用がかかるのだが、10分で帰ると言われては正直たまらない。しかし、この両社長とも「目が覚めた！」と言われ、自分が勝手に考えていた「ピカピカ基準」と「先生のピカピカの徹底基準」がこんなにも違っていたと述懐されている。

今では地元の超人気店で連日満席、店舗数もゆっくりではあるが着実に伸ばしている。

◉個別相談に臨む社長へ先輩社長からのアドバイス

自分の会社に先生を招き一対一で指導を受ける方々はベテラン社長がほとんどで、何回か怒られ要領を得ているが、はじめての社長は先に述べたような体験を誰もがしている。

そのため予行演習をやるわけではないが、公開講座の1日目の夕方と経営計画作成合宿の期間中は「社長と先生一対一の個別相談」があるのだが、はじめての場合は相談の列に並ぶのにも勇気が要る。皆の噂も聞いているし、講義会場の雰囲気もピリピリである。

先輩社長は怒られ慣れてもいるので、緊張してつい愚痴や言い訳的なことは言わない。質問も的確であるが、はじめての社長が内部管理や社員への不平など口にしようものなら、次の社長が相談にならなくなるので、「経営上、解決しなければならない問題」と「自分なりに考えた対策を1～2案示し、これで良いか？ 他に注意するところはないか？」という視点で指導を受けるように助言するのである。

他山の石ではないが、貪欲な社長はあらゆる機会を捉え、後輩の社長の困りごとを聴くことさえも自らの勉強にしてしまう。そうして互いに打ち解け、仲間を増やし知恵を共有し合い、切磋琢磨して経営力をつけていくのである。

相談する社長も安易に人に解決策を聞くと、そのときは助かるが自ら考え尽くす力を失ってしまう。最後には「教えてくれ」「紹介してくれ」など、常に「アレくれ、コレくれ」のくれくれ族になり、社長仲間も皆離れていってしまう。

◉社長業を放棄する社長

社長の仕事は決定することである。それも「我社の未来を作るための、今の決定」である。

意見を求めることは問題ないが、多く聞きすぎると迷ってしまい時間だけがズルズルと過ぎてしまう。他の意見、助言を「自らの決定」としてしまい、上手くいかなければ他責とし、ひどい場合は「現場に丸投げにして」担当者に責任を取らせる社長も現実に目の当たりにした。

これこそ最悪の社長業の放棄であり、財務や経営戦略以前の「社長の姿勢」の問題である。残念ながら後継社長に見られがちな行動である。ただし、問題点の分析や「やるべき論」は一見筋が通っている場合も多く、知識も豊富であるから本人さえそのまずさに気づいていていないのである。

神ならぬ人間のやることであるから間違いはつきものである。ダメだと思ったら「朝令朝改」も問題なし、一倉先生の指導でもあり、社長の見栄や虚しいプライドなどは糞喰らえである。

決定とともに全ての結果責任こそが社長業の根幹であり、お客様の満足だけが唯一の合否判定なのである。

何度も聞いた「一倉にそんなことがわかるか！」の怒声

新商品や新事業の相談でカミナリが落ちることは日常茶飯事である。試作品や完成した品物を持ち込み、一倉先生の意見を聞こうとする社長の心情は「なかなかいいね」や「こうしたら売れるよ」を聞きたいのがホンネであり、あわよくば販売先を紹介していただけないか、とまで思っている。

それを見透かしたかのように先生は、「一倉はあんたのお客じゃない。そんなことがわかるか！」と一喝。続けて、「お客様のところに行って聞いてこい」と怒鳴られる。

ところが、ベテラン社長には、これがなかなかできない。過去にヒット商品をいくつも出していればなおさらできなくなるのである。

自信も実績もあるから、俺の目に狂いはないと思い込み、自分の好みをお客様に押し付けようとする。売れなければ、「営業は何をやってるんだ！」と社内に発破をかける。

営業マンや店頭の担当者は売れない理由やお客様の反応を直接、見聞きするから何となく理由はわかっているが、なかなか社長に本当のことを言えるものではない。

◉全ては「お客様がほしいか？ 買ったか？」どうかだ

お客様にとっては社長が作ろうが、有名デザイナーが手掛けようが関係ない。良いと思えば買うし、嫌なら買わないだけである。

確かにヒット商品の第2弾や、有名企業、老舗の新商品は期待を込めて1回は買ってみる。食べたり、試したりして良ければ再購入につながり、売上も伸び定番商品に育っていくのである。しかし、期待ほどでなければ初期出荷の後のリピートオーダーが入らなくなってくる。自信を持って市場投入しただけに、社内では広告宣伝が足りない、営業が足りない、やる気がない、口コミを仕掛けられないか？　などさまざまな意見が飛び交っていく。

昨今ではインスタ映え、ユーチューブなどで紹介され一気に火をつけても、お客様に本当に支持されなければブームは長続きせず類似品や代替商品も市場に一気に溢れるから、余計に寿命が短くなってくる。最後には、「あれが悪い、これが悪い」の犯人探しが一巡し、「いい商品をわからないお客が悪い」の発言まで飛び出してくるのである。

◉「社長の我の申し子」という新商品

昔からセンミツという言い方があるが、さすがに新商品の確率が1000分の3では経営は維持できない。実際の統計などはないだろうが、10％の生存率なら合格。20％も新商品がヒットするのは驚異的な数値だと言われる。新事業が収益の柱に育つ確率はもっと低いものである。巨費を投じて開発体制を持ち、市場調査を繰り返している大企業でさえ連戦連勝はあり得ない。

逆に言えば、10品の商品を市場投入しても8～9品は生き残らないし、1つの新商品、新事業を成功させるために、傷口が大きくなる前に損切りしなくてはならないのである。

しかし中小企業では、頭ではわかっていてもこれがなかなかできない。理由は、大きく3つあると思っている。1つには、累損額や単月黒字になるまでの期間の基準が全社の共通ルールとして決まっていないこと。こういう指摘をすると、必ずと言っていいほど、「最初からそんな弱気でどうする！」「松下翁も成功するまでやり続ければ、失敗はないんだ！と言っているではないか」との反論が聞こえてきそうである。

次に、サンクコスト（埋没原価）という考え方の持ち方である。「もう既に5000万円突っこんだんだから、後には引けない」「あと1000万円宣伝に資金を投入すれば売れ始める！」「あと1年やらせてほしい」等々、気持ちはよくわかるがずるずると時間と資金を使い、気がつけば赤字がもっと大きくなっているのである。

さらに悪いことに、その商品や新事業が社長の肝煎りでスタートし、社長の息子さんがリーダー・発案者となってプロジェクトが始動している場合である。投入予算のタガが外れてしまうことが、かなりの頻度で起きてしまう。

一倉先生の言うところの「社長の我の申し子商品」であり、日頃は冷静な社長でも、面子とプライドが掛かっているだけに、どんなにお金と人と時間を使ってでも成功させようと努力するのである。社員を含め傍目から見れば「即撤退」が正しくても、社長からすれば巨費を投じているだけに「せめて元を取らねば！」という経営者目線もあって決断を先送りにしてしまう。

社長を止められるのは社長自身か、社長が尊敬する人からの苦言だけである。こういう状況での一倉先生のカミナリは尋常ではない！　社長自身が慢心し、お客様不在の天動説経営に陥っていることと、会社の命脈である資金に黄信号が点灯し始めるからで、一切の言い訳を許さないで「即答」を求めるのである。

◉町の発明家社長の質問？お願い？

先日も新事業の相談があるとのことで連絡が入り、詳細を伺いに行ってきたのだが、相談の趣旨は「どのように売ったらいいか？」「どこに売ったらいいか？」で、既に億単位の開発費は投入済みであった。

「そんなバカな！」と思われるかもしれないが同様の問い合わせは、年に何件も入ってくる。「こんなのを造ってみたが、卸先を紹介してほしい」「この技術は画期的で、世界がひっくり返るぞ！」等々、社長は大真面目に開発しているのだが、お客様や用途が見えない珍製品の山である。まるで町の発明家のような社長もいらっしゃる。

先ほどのセンミツではないが大化けする製品がないとは限らないが、大企業の基礎開発なら許されても中小企業には金食い虫の仕事は向かない。用途開発、応用開発、ヨコ展開などお客様のお困りごと、要望をしっかり捉え商品開発するのであるが、一倉先生と社長の会話の中で「お客様の姿が感じられない、見えない」とやはり巨大なカミナリが落ちるのである。

曰く「穴熊社長のバカッタレ！」「そんなことは、一倉に聞かないでお客様のところに自分で行って直接聞け！」「営業マンの報告で現場の本当のことがわかるか！」と凄い剣幕である。本来、社長がやらなければならない一番大事な仕事をやらないで、社員任せ他人任せにしている言動こそが「カミナリスイッチ」の起爆ボタンなのである。

しかし、一倉先生は実は社長に怒っているのではない。

アメリカで経営学と称される「内部管理学」や「人間関係論」、「大手企業の組織論」を、経営現場を知らない学者が最新の経営学として紹介している現状に対して怒っているのである。一生懸命勉強し、正しいと信じている中小企業の社長に、「目を覚ませ！」とばかりにカミナリを落とすのである。

◉小さく実験して、一気に勝負に出る

それが証拠に多くの社長は「なにクソっ！」とばかりにお客様を回り始め、小さなことから仕事のやり方、お客様サービスを改良し、新商品のテストを行い、高評価をいただい

たことを、全社、全お客様に広げ業績を伸ばし始めるのである。

当然ながら、社長は途中報告や結果報告を先生に伝えて、次の一手を相談するのだが、先生は満面の笑みをうかべて「良かったね〜」と、我がことのように喜んでいる。あの剣幕で怒鳴ったことなど忘れているに違いない。まあ、あれだけ怒っていると、どこで誰に怒鳴ったかも覚えていないだろうから。

ただ怒鳴られた社長は「あれだけ真剣に自分のために怒ってくれた！」「あれが自分の転機だった」と皆さん述懐するのである。

業績が伸びるのは、誰より社長が一番喜んでいる。だから穴熊社長を卒業し、お客様訪問を繰り返し、新商品を探し、新事業を求めテストを繰り返し、事業領域を拡大していくことで目を見張る成長を実現させられるのである。

第3章

社長とは「事業を経営する人」である

社長の決定こそが、企業の運命を決める

社長の仕事が「決定すること」であることは皆知っている。

では、何の決定かというと「ハッキリわからない未来への決定」であり、「事業経営にとって一番大切な付加価値をどうやって産み出すか?」への決定を今、下すことである。人生も経営も同じことだが、過去、いくつもの岐路で右か左か、行くか退却するかの決定を下し、今日を迎えている。もちろん後悔することも、充分満足する結果を得られたこともあるのが実際のところだろう。

3年前、5年前に決定した営業所の開設や新店舗が街の成長とともに大きな収益をもたらすように、社長の目は我社と我社の経営環境の将来を予見し、着実に手を打っていかなければ同業ライバルとの競争に敗れ、お客様からの支持も得られなくなる。新技術の実用化を予測し、都市計画の情報を集め、人口動態を考え、消費者の価値観の変化を感じ、主要得意先の今後の経営計画を聞き出し、世界経済の動き、景気動向を読み決定を下すのである。

イメージとしては、社長の意識は5年くらい先の世の中にいて、過去の会社(現実には

今）に欠けているもの「人も設備も技術もお金も」を、どうやって揃えるのかを考え実行しているような感じである。

だから私はよく、「社長はタイムトラベラーだ」というのであるが、未来へのタイムトラベルだけでなく、過去へのタイムトラベルも重要になってくる。創業社長であれば、今日に至るまでに数えきれないくらいの失敗の体験と、それを上回る成功体験を身に付けており、決定の怖さを知っているからこそ「重要な決定」ができるのである。

◉社長は決定、その実行は社員～これが会社である～

社長が下した決定の意図と狙いを理解し、実行するのが専務以下、幹部、社員の務めである。

言葉にすれば簡単だが、実はこれが極めて難しい。自社の専務をはじめ経営幹部を思い出してみてほしいが、たとえば重要な投資を検討しているとき、何年くらい先をにらみながら考えているだろうか？　また、どこまでのリスクを想定し安全率を考えているだろうか？　そして最後に、「社長の考えていること」を幹部がどこまでキチンと理解しているだろうか？

現場の社員一人ひとりを指揮監督するのも、経営幹部の最重要の仕事である。しかしながら、中小企業であれば自らも、プレイングマネージャーとして営業にも開発にも製造にも率先して動かなければならない。だから、ついつい目の前の数字目標を達成することや事案に気を取られてしまい、急がないが事業経営にとって重要な案件が後回しになってしまう。

現場に数字のプレッシャーをかければかけるほど、社員は将来を犠牲にしてでも数字をつくりに行ってしまう。社長が売上を重視すれば売上を、経費削減を重視すれば経費を見て仕事をするのである。社長がどんなに素晴らしい将来構想を語り、経営戦略を決定、発表しようが、社員は冷静に毎日の社長の言動を見て、社長のホンネがどこにあるのかを見抜いているのである。

幹部以下、社員の実行力を発揮させるのも社長の決定と言動次第である。

◉捨て去ることこそ革新の第一歩

「攻めの決定」はどの社長も得意であり好きであるが、事業経営にとっては「捨てる決定」こそが一番難しく、社長にしか決断できない大事である。

事業経営にとって利益が一番大事であることは誰も反対しないが、いざ赤字店舗、赤字商品、赤字得意先を切ろうとすると、総論賛成各論反対で、なかなか手を下せない。「あそこは創業以来の店舗である」「以前、会社がピンチのときに助けてくれた」など、イザとなったらさまざまな理由が出てくる。恩や歴史は大切だが、赤字を容認する理由にはならない。

口では利益、利益と言っている社長の多くが、一番大事にしているのは「売上の大きさ」である。それが証拠に社長同士がいろいろな会合等で一緒になると、何となく年商の一番大きい会社の社長が上位になってくる。決して、利益額ではない。

一倉先生の指導の中でもスクラップ＆ビルドは絶対に実行しなければならない重要事であるが、社員が反対する以上に社長が抵抗することが多いのである。

小売店を60店舗まで伸ばした創業夫婦がいたが、一部業態が古くなったことと立地の変化や街の盛衰によって10％近くの店が赤字になっていた。店長を交代させ、販促も随分やったが売上も伸びず経費がかさむばかりで、先生に相談したところ、当然のごとく結論は「閉店と繁盛店への人事異動」であった。

しかし、社長はなかなか踏み切れない。1つには売上が下がることへの恐れ。さらに、自分が手掛けた我が子のような店舗への愛着、そして世間体という数字では表せない理由から店舗閉鎖を嫌がるのである。

結果的に躊躇する社長を尻目に、奥様の専務がワーストの4店舗を閉めにかかったのをキッカケに社長が一気に決着をつけ、かねて考えていた新業態の事業に人員を投入していったのである。

中小企業には、店長候補も幹部も余裕があるわけではない。新規事業へ進出し、会社を高収益体制に作り替えるには、まず儲からない事業、赤字部門を縮小し人員を浮かせ、新たな成長事業に人も予算も時間も投入することである。

一番難しい「撤退の決断」こそが「攻めへの決断」だ、と多くの成功事例が教えてくれる。

◉我社の事業の定義づけが成長発展の基

創業社長が起こした1つの事業がず〜っと長く繁盛し続ければ良いが、商品・事業の寿命は短くなり、お客様の要求も多様化し高度化していくので、我社を成長発展させるためには新事業を追加していかなければならない。

地方都市に本社がある場合は、なおさらである。S社長は現在主力事業を3つ経営しているが、それまでの事業の売却、新規事業のFC加入などを繰り返し、今の形に落ち着かせている。それまでは季節変動や景気の波に影響を受けていた業績だったが、確実な成長が見込める体質に転換し、4つ目の事業を獲得できるほど余裕のある経営体制になった。

オーナーの頭の中にある我社の事業を一言でいえば、「毎月、集金できる」である。事務機器、文具などを法人に販売していたY販売。Y社長は一倉先生の事業定義を聞いても、最初はピンっと来るものがなくモヤモヤしていたそうだ。多くの社長と同じように、「ウチは事務機器の販売、保守メンテ業」と業種のくくりで考えていた。

ここで仲間の社長たちとの定例セミナー後の飲み会が効いてくる。

「先生は事業の定義づけをしろと言うけれど、ウチはさあ〜」と悩みを一言。自分のことを客観的に見られないと、どうしても目に見える取り扱い製品や業種から離れられなくなり、思考が堂々巡りしてしまうのである。

異業種の社長から見れば、お酒の力もあって何を悩んでいるんだ、とばかりにこんなことを話した。

「あんたの商売、定期的に営業マンが会社に行ってるんだろ？」

「だったら、法人への定期訪問業じゃないの？」と。他人のことはよくわかるのである。

Y社長からすれば、言われてみれば当たり前だけど、確かにその通りだと思った。そこから「定期的にお客様である会社に行くんだったら、ついでに何を持っていってもいいんだ」とお客様への見方が変わった。その結果、取り扱い品目が拡大し、お客様にも喜ばれ、業績は伸びていったのである。

また別のM社長は、先生が教えてくれた「事業の定義づけ」は一生の宝と言っておられた。具体的には、さすがにここでは詳しくは書けないが、「貸す」の定義を事業の中で見直し、今では5つの異業種分野で貸すビジネスを展開し、高収益体質を築きあげている。

もうおわかりだと思うが、社長が悩んでいたことは定義に沿ってたった1つの考え方の上で、お客様を変えたり、商品を変えたりと、組み合わせを考えているだけで事業自体の仕組みは変わらないのである。

社長の仕事とは、「会社の存続と繁栄の根幹」に関わるところをどう決めるか？　我社の将来像をどう描いていくか？　に掛かってくるのである。

幹部がやる仕事まで手を出して、忙しい忙しいと頑張っているように見える社長もいらっしゃるが、どうか本来の社長業に専念してもらいたいものである。

天動説の経営、地動説の経営

～社長の目、社員の目、どっちを向いている～

一倉語録には、聞きなれない言葉がいくつもあるが、「天動説」もその1つである。地球が中心で太陽、星空が回っているのであるから、会社を中心にお客様が動いているわけである。

社長の我の申し子商品のところで触れたように、「商売上手の俺が作った商品が売れないわけがない」と思い込み、「営業が悪い、売り方が悪い、お客様が良さを理解していない」となってしまうのである。一倉先生の古い本の中に、この天動説の言葉を使った社長が登場するが、あまりにピッタリな表現だったので、以来、先生が自己中な経営をしている社長を称して「天動説の経営」と怒りを込めて呼んでいるのである。

社長が本来考えなければいけないのは、お客様が中心で我社が周りをぐるっと回っている経営であり、当然「地動説の経営」になるわけである。

社員は毎日のようにお客様に接したり、電話を受けたりしているのでお客様目線になりやすいのであるが、現実は社内での力関係から「社員は直属の上司、さらに社長を見て」仕事をしている。人事権も評価も給料さえも中小企業は社長が握っているから当たり前である。

だからこそ、社長の目は「お客様のご要望」ただ一点に向けられ、お客様の要求を満たすために会社は存在するのであるという一倉経営理念の中心「お客様第一主義」になっていく。

ただし、社員全員は社長を見て、それも社長の行動、言動を見て、ホンネを極めて正確につかんでいる。言葉で、朝礼で毎日唱和しようとも、いざというときの社長の行動が天動説であれば、社員は社長の望み通りに天動説の行動をしてしまう。

だから先生の言う「良い会社、悪い会社があるわけではない」、「良い社長と悪い社長がいるだけであり、会社は社長次第でどうにでもなる」に通じるのである。

◉社長の真の定位置はお客様のところ

社長室が立派すぎる会社を見ると、先生はボロ会社と断じていた。豪華で、居心地の良い社長室は確かにプライド、自尊心をくすぐる魅力を持っているし、大切なゲスト、取引先の社長を迎えるのには必要かもしれないが、しょせん言い訳にすぎない。

ある有名な教育関連の事業を全国展開していた社長を訪ねたところ、本社内に2つの社長デスクを持っていた。当時、不思議に思い理由を伺うと、想像通り「1つの立派な社長室はゲスト用であり、自分1人で考え事をするときにしか使わない」とのことである。そのときは社員も心得ていて、声をかけないし取次も原則しない方針である。

もう一つはワンフロアのだいたい真ん中あたりに、皆と同じデザインだが両袖の少しサイズが大きい机。「社内にいるときはほとんどここで仕事をしているし、事務所内の雰囲気も、電話の鳴り方も皮膚感覚でつかめるから」「実際にはあまり座ってないけどね」と語った。

先生の「ボロ会社論」は極端かもしれないが一面の真理でもある。

地方の会社に伺うと、敷地も広いので、大きな自社ビルを建てていて、創業の先代社長が立派な社長室を作り、後継社長がその後に入っている場合も多い。誰だって、あんな豪華な部屋に入っていると、自分が偉くなったように錯覚してしまうのではないかと、余計な心配をしてしまう。

特に最近の高学歴な後継社長はパソコン、タブレットにデータがビッシリ入り、数字を読んで、エクセルの上で戦略を練る、考える、決定することが最先端の経営だと思っている節がある。昔なら机上の空論だが、今ではエクセル上の空論である。

確かにデータも大事だが、お客様一人ひとり、現場一つひとつの積み重ねが事業であり、その現場を直接見たり、お客様の変化を肌で感じたり、ライバルの動向に神経を尖らせたり、非同業の新規参入者のビジネスコンセプトに触れておかないと、数字が訴えることを自分の都合の良いように解釈し、見誤ってしまう危険がある。

「具体的に数字で……」と口癖のように言うが、数字こそが抽象的、平均的であって現場こそが具体的なのである。だから、一倉先生は30年も40年も前から、「社長の定位置はお客様のところである」と言い切っていた。社員の報告やデータだけでは、真のお客様の要求は社長室ではわからないのである。社長の出社は1週間のうち半日程度で充分だと指導していた。

だからずっと会社で、どんと構えている社長を、先生は「穴熊社長」と呼び、嫌がる社長と同行し、お客様回り、店舗回りに追い立てていたのである。

◉「穴熊社長」の大変身で思わぬトラブル

名古屋のH社長は、大阪の一倉セミナーに出席し、「穴熊社長はだからダメなんだ!」と散々にお灸を据えられた。

社長もただ怒られるだけでは腹がたったが、事実だから仕方がない。渋々、主要得意先を回り出したが、最初は随分と嫌味を言われたそうである。しかしながら店頭に行ってみると、自社の商品がお店の隅っこに置かれていたり、古いPOPがそのまま ついていたり、在庫商品が汚れていたりと、現状を見るにつけ売上不振の原因がすぐにわかった。大急ぎで対策に着手し、トップダウンで全営業に号令を発した。

すると、当然ながらじわじわと売上年計が上向きになり始め、社長自身がお客様回りの効果に目覚め、出張出張の毎日に変わってしまった。そんなこととは知らない社長の奥様は大変である。

今まで毎日のように家で晩ご飯を食べていた主人が、外泊続きとなってしまった。「これはひょっとして……」と良からぬ想像をし始め、一時期夫婦仲が険悪になってきたのである。

毎月のセミナーにも出席されておられたから、「今日は合理化協会のセミナー」と言って家を出るわけなので、奥様からすれば「日本経営合理化協会も一緒になって悪いことをしているに違いない」と私宛てに電話までかかってきた。

きちんと説明し、奥様も一緒にセミナーに参加していただいて疑惑は氷塊したが、穴熊社長の変身ぶりは見事であった。今となっては笑い話のようである。

社長からすれば、自分がお客様のところへ行くと、相手のお客様も上席、もしくは役員、社長が出てきてくれるようになる。話は自ずと高度な話や真に困っている問題、今開発中の案件など担当営業ではなかなか聞けない話題になり、自社の取り組むテーマもハッキリとしてくるのである。

◉社員からの報告では、お客様の本当のところはわからない

社長のお客様訪問と並行して自社の担当営業マンも日々の受注、売上獲得のために営業

活動をするが、話の内容は自ずと変わってくる。社員は社員の持っている知識と経験、情報で判断し、得てくる情報も多くは同じような階層の担当者同士の情報である。しかし、営業マンの情報も活かし方次第である。

社長が自社の将来の方向性を考え、決定するためには不充分であっても、社長1人で回れる得意先は数が知れており、なかなか小さな得意先まで訪問できるわけではない。建築工事関連のH社長は、大手の主要得意先を中心に回っているが、どうしても留守がちなために、机の上に1冊のノートが置いてある。

今と違ってメールで日報が飛び交う時代でないだけにタイムラグは仕方ないが、社員からの日報を読んで「疑問に思ったこと」「ピン！ときた報告」をメモし、後日訪問するための備忘録である。この日報は当然一倉式であるが、「お客様に言われたこと」と「自分の意見」を混同しないように区分されているシンプルな様式である。

当時、多くの日報は営業マン管理のためではないといいながら時間や訪問件数的な要素が多く、効率化と管理要素が強いのが一般的であった。一倉式は日報までがお客様中心で、お客様の要望、不平、お問い合わせ等、お客様に何を言われたか、をフリーで記入するように作られており、社長が読んで気になる点を自らお客様のところにお伺いに行くネタ帳に使っていたのである。

実際に伺って直接聞いてみると、特殊な工事資材の問い合わせのニュアンスで書いてあったものも、難工事が予想される現場のことの相談をしたかったようで、現場に詳しい社長が行ったことで新しい工法で工事を請け負うことが決まる。こういうことがしばしば起きるのである。

たとえ受注に結び付かないことがあっても、お客様からは「H興業さんは社内のホウレンソウがしっかりしている」「こちらの困りごとの相談に親身に対応してくれる」など評判がいい。

大手と違い、中小企業の若い営業担当は経験も乏しく、詳しい専門知識も持ち合わせていないことが多い。ベテラン幹部や社長だとピンとくる受注のシグナルもみすみす逃してしまうのである。特に若手が行きたがらない「技術的に詳しく口うるさいお客様」「ちょっと偏屈な研究者タイプのお客様」などは業界の最先端を行っていることもままあり、社員の報告書だけを鵜呑みにせず、社長自ら足を運んで話を聞く価値がある。

◉クレームは宝の山

しかし、いい話ばかりではない。クレームに関しては、一倉先生の指導は徹底していた。

クレームの第一報は当事者の社員からの報告と現実がかなり違って社長に伝わることが非

常に多いからだ。

人は誰でも本能的に自分を守ろうとするから、事実を事実のまま１００％伝えることはできない。社長や上司を決して騙すつもりはなくても、自己擁護のニュアンスが入ってしまう。上司はやはり部下の社員を守りたいのが心情だから、どうしてもひいき目に見てしまう。

特にクレームや事故の場合、初動を誤ると問題の本質がずれて、２次クレーム、炎上になってしまう危険がある。ましてや報告を怠ったり、ウソの報告を上げる悪質なものもあれば、怒られるのが怖くて言い出せない場合も日常茶飯である。

一倉先生のルールは明瞭で、「クレームを起こしたことについては不問」。ただし、「報告を怠った場合は厳罰に処す」の明文が経営計画書に大きく書かれている。さらに当社に責任がある場合は、採算を度外視して最優先で対応するよう指示されている。これはこれで全く正しいが、実際には運用が難しい。

ある自動車ディーラーでは、営業担当とは別の社員がクレーム発生時には、即、動けるように体制がつくられている。営業経験のある方ならわかると思うが、ちょっとしたミスでも自分がしてしまうと精神的に負い目をもってしまい、お客様の過度な要求にも全て応じてしまいがちである。

だから、冷静に現状判断ができる当事者以外の営業がクレーム対応を引き継ぎ、誠実に対応するとともに、経費的にも互いが納得できる範囲で交渉を重ねていくのである。そうすると、そこからお客様の真のニーズや要求、不平不満や当社との行き違い、また売り手である我々のシステムの不備なども冷静に見えてくる。

この10年で、ＩＴ技術（情報技術）や新しいサービスが次々に生まれていて市場競争は、「スタートアップ企業」ＶＳ「既得権益企業・老舗企業」の様相を呈している。お客様が個人であっても、法人であっても、より便利で安く早く確実に要求を満たしてくれるところと取引をしようとする。

ただし、ただ安いだけで取引を次々と変えていく人は多くはいない。法人なら特にそうであるが、「安定供給」「信頼安心」が優先するので、既存取引先に新しい取引形態の要請や条件交渉の打診が入ってくる。ボタンの掛け違いで、クレームになったり、コンプレインとなる場合もあるが、経営が環境対応業である限り変化をしない企業が淘汰されてしまうのである。

お客様だって、いろいろ苦情を言ったり、リクエストするのは重荷であるから、黙って去ってゆく場合が多いわけで、クレームだったり各種の一見面倒に見える要求が会社に届く状態は、むしろ大歓迎すべき状態である。

それを社長がよくわかって「瞬間湯沸かし器のごとく怒らないこと」「報告の労をねぎらって犯人探しをしないこと」を守ってほしい。

もう数年前になるが、新宿の関係先の会社で営業部長と打ち合わせをしていたときのこと、社内がザワザワしていたため、長年の付き合いでもあるので失礼ながら「どうしたの？随分バタバタしてるけど？」と聞くと、部長曰く、「ちょっと大きなクレームが起きて、みんな気持ちがそっちにいってて」。

続けて、「重要な社内通達でも、みんなあまり伝わらないんだけど、クレームだと担当者はどうなるんだろう？ 収まったかな？ と耳がダンボになり、戦々恐々で！」

良い話、新規の得意先が取れたなどは、自分ごとでないからあまり関心を示さないが、こういう状況だと日頃、社長がどんなに理想的なことを言っていても、本当の本当はどういう言動をとるのか、一挙手一投足を全社員が見ているのである。

幸いここのF社長は、陣頭指揮を経営計画書のクレーム対応通りにとられたから、社員からの信頼はますます強くなり、今日まで業績は好調をキープしている。

クレームというのは会社の実力が試される貴重な機会でもある。「グッドマンの法則」ではないがクレームが発生しても、きちんと対応することで逆に、お客様からの信用を一層高めることもでき、自社の改善、改革もお客様目線で進んでいくのである。

郵便ポストが赤いのも電信柱が高いのも社長の責任

～社長だけが事業経営の全ての責任を負う～

「郵便ポスト～」のフレーズも、本当に多くの社長が心に刻んでいる。一倉語録の代表的な1つである。

創業者の黒田社長は、売上10億円弱のときにはじめて一倉ゼミに参加されたそうである。比較的順調に成長してきたが、10億円を前に一進一退が続き、これまで自信を持って経営してきた会社はなんとか黒字ではあるが、打開策を求めての受講だったと当時を思い出しながら話してくれた。

ビルメンテナンスで独立し、持ち前の営業力で得意先を開拓するトップ営業スタイルだったこともあり、さらなる成長に向けて進むには、幹部社員の脆弱さに不満を持っていたのだと、次のように話された。

「何であいつらは、俺の言うことがわからないんだ！」「幹部を変えてやろう、成長させてやろうと毎日怒鳴っていたが、成長させるための何かヒントはないか」とゼミに参加したというのである。そうしたところ、一倉ゼミの講座の中で、「郵便ポスト～」の言葉を聞いて、最初は「俺はしっかりやっている」「あいつらが……」という気持ちばかりでなかなか素直には聞けなかったようだ。

しかし、先生は全ては社長の責任というし、正直納得がいかなかったから初日の夕方の質問時間に並んで、座った瞬間、凄い勢いで「冗談じゃない！ 社員に責任を押し付けて！バカヤロー、帰れ！」と言われたのである。さすがに黒田社長も「コノヤロー！」と思い、「もう帰ろうか」と一瞬考えたが、高い授業料がもったいないので2日目も受講していた。

すると、先生は何もなかったようにニコニコしているし、「何なんだ」とも思っていたときに、いつまでも昨夜のことにこだわっている自分に気がついて、「自分は変わらずに、人ばかり変えようとしている自分を少し客観的に見られるようになった」と気づいたのである。

◉責任＝権限の法則

講座の中で、オーナーでもない、株主でもない、ましてや社長並みの高い給料も払っていないのに、社員に「やれ権限委譲だ！」「自分で考えろ！」は社員にすれば、「冗談じゃない！」という話があった。

社長がやるべきことを放棄しておいて、「人にやれやれ言うことが最大の無責任だ！」との講義に目が覚め、「まさに自分のことだと。腑に落ちた」と話してくれた。

権限委譲という甘い言葉に多くの人は誤解し、それが器の大きい社長のあり方とでも思っているのであろう。上手くいけば自分の手腕、そして失敗したときは責任を本人に取らせる。こんなことで会社が順調に伸びるはずはない。

黒田社長もそれ以来、「幹部にどうこう言う前に、自分が変わることだと心に誓い、社長の責任、自覚と覚悟、主体性を、自分の人生、経営の中心に据えて生きてきたつもりだよ」と、いつものように物静かに笑いながら話された。

自社の幹部教育にも「いかに、自分が変われるか?」を社長自らが説かれ、時間をかけ立派な幹部を輩出している。それが証拠にこれまで何人もの社長を育てられ、新規の事業を本業の周りに配し、200億円に迫る企業グループを率いている。

◉民主主義経営ほど恐ろしいものはない

世の中には「ワンマン経営」への誤解があるようで、人の意見をよく聞く社長ほど立派であり、ワンマンは聞く耳を持たない社長＝独裁者と捉えているが、とんでもないことだ。

民主主義経営は、実際には起業家、創業社長の時代にはありえない経営体制であり、こんなことをやっていたら会社は当の昔に倒産廃業である。モノを決められない二代目、三代目社長が自らの責任逃れのために役員会、常務会などの決定機関を設け、合議制こそ正義であるという甘言を信じ、一番大事な決定を委ねるのである。これが民主主義経営の実態である。

任された役員は、たまったものではない。

スーパーマンのような先代からの大番頭がいて、会社をよく守り、新社長を立てて経営が順調にいく、なんてことは絶対とは言わないがまずない！　安物のドラマか、映画の作り話である。もし、そんな大番頭がいたとしても、その大番頭が引退した5年後、10年後には同じ結末を迎えることになる。

責任も取れないグループの話し合いは、話す内容は正しい結論を出しても、強烈に推進したり、社内外の抵抗勢力を押さえこんだりして実行する力を持たない。頭がいいだけに、総論は誰が見ても立派である。しかし、これもくせものである。

企業、特に中小企業の競争条件は差別化、重点化だと散々に御託を並べておいて、皆が賛成する戦略決定が差別化できているはずがない。

アテネの時代から、民主政治がいつの間にか衆愚政治になってしまいがちなことを我々は知っているはず。平和な時代には通用しても危機には弱いのである。

では、衆知を集めて独りで決定する「衆知独裁の経営」はどうだ？という声が聞こえてきそうである。そもそも衆知が集まるか？　松下幸之助翁のような経営の神様でもあるまいに、もし集まったとしても迷うばかりで結論が出なくなってしまう。

◉間違った決定より、あいまいな指示、先送りが最悪の結果を招く

日頃から社運を賭けた決定をしないために、「経営計画書」に我社の生き残りの戦略を描き、小さな決定を繰り返し繰り返し行い、上手くいけばアクセルを踏み、障害が生じればバックをするか、軌道修正をして次の手、次の手を繰り出していくのである。

成功している若い社長が、急成長の事業戦略を最初から想い描いたように話している場面を見聞きするが、実際のところ本当かどうかはわからない。自分自身のコンサルティング体験でいえば、大きな方向性はずれてはいないが、細かい軌道修正の連続が続き、何とか今日会社が成長しているというのが真の姿に見える。

自分の歩いてきた道を振り返ると、そこには雑草の中に踏み固められた細い道らしきものが見え、後でその道を「〇〇戦略」と名付けているのではないか。だから、本当に長年社長を務められた老獪な社長ほど「あのときに、あの人に助けてもらった」「神風が吹いたんだ」「運が良かった」と謙虚に語ってくれるのである。

ただ小さくても「決定」をして前に進まないと幸運さえも巡ってこない。

あいまいな指示、現場に丸投げだと、専務、常務といえども多くの場合「守りの一手」を打ってしまう。現場は目の前の苦しさから逃れるためにリスクを取るよりも「コストを削り」「内部管理を強化し」出血を止めて時勢が好転するのを待とうとする。時代が大きく変化していて、経営環境が元に戻ることはないにもかかわらずである。

社長の決定は極端に言えば、先送りより間違っていたほうがいい。間違いにすぐ気がつけば、皆に間違ったことを宣言し、次の手を繰り出せる。よく勉強会で、それも後継社長の勉強会だが、私は「それが社長の特権だ」と言っているので、冗談だと思っている人がいるかもしれないが、私は本気でそう思っている。

ただし以下の文言を添えて、明るく言ってほしい。「いや〜、今回はいい勉強になった。ちょっと授業料は高かったけど絶対に取り戻すから」。こんなことを、専務や常務が言ったら社長の逆鱗に触れ、首元が寒くなってくるのだが、社長だけは別格であり、挑戦する気概を失ったら、中小企業は生き残ることはできない。

致命傷にならない「小さな決定」を若い時分から繰り返し行って、成功の体験も失敗の体験も積んでおけば、イザというときに不安にならなくてすむ。本やセミナーの勉強で得られる知識も大切だが、経験から得られる経営の知恵に勝るものはない。

平時の経営、有事の経営
～経営環境の有事、我社の有事～

創業社長の多くは20年、30年、長い人であれば50年も現役を張っているので、会社のピンチ、好景気と長引く不況を幾度となく体験し、その折々で決断を下し、生き抜いてきたのである。

日本の景気を見れば、およそ10年に1回くらい有事を迎えているが過去の経験を活かし、事前の準備を怠りなく施しているから難を逃れている。決して偶然ではない。

最近では何といっても、全世界を激震させたリーマンショック（2008年・平成20年）だろう。その10年前には日本の金融危機、2000（平成12）年のＩＴバブルと崩壊、さらに遡れば1989（昭和64年／平成元）年までのバブルとその後の崩壊、長引くデフレである。

経済情勢もさることながら、企業にとっての有事は日々直面するだけでも「主要得意先の倒産、契約打ち切り」から始まり、「火災、災害等による工場被災」「甚大な商品クレーム」「風評被害」「手形事故」「親族の後継争い、兄弟ゲンカ」「親子ゲンカ」も多い。そして、何よりも「社長の重篤な病気や事故」であり、仕事がら本当にさまざまな相談が持ち込まれるのである。

創業社長はこういう修羅場をいや応なしにくぐり抜けてきている人が多いので、ピンチをチャンスに変えるほど冷静に対処する術を身に付けている。名古屋郊外に本社工場を構えている社長もその1人である。電気技術分野の製品は国内でもトップクラスのシェアを占めているし、財務体質も強い堅実経営である。

しかしながら、リーマンショックの折は、どうにもこうにも売上もなにも手の打ちようがなかった。社長の採った手は、まず銀行に駆け込み人件費の2年分の融資を引き出した。実際、手元にお金がないわけではないが、先行きが見通せない中で、安全には安全を期しての策だった。

そして、全部の事業所を社長自ら回り、手元に資金が潤沢にあるから我社は全く心配がないことと、当面実施してもらいたいことを2つ指示している。

1つは、これまで納期が最優先で製造に忙しく、後回しになっていた開発テーマの研究に時間を使い、市場が回復したときに一気に販売できる体制をつくること。もう1つは、これまで自社で納めた製品の保守メンテナンスのために全国の工場を手分けして回り、営業だけではカバーできない現場同士の関係づくりを強化しておくこと、であった。

当然、お客様である得意先もリーマンショックの影響で、工場の稼働は極端に下がっているのでお客様からも感謝され、トップシェアメーカーとしての信頼性はますます上がっていった。結果的には2年を待たずに仕事も戻り始めたので、調達した融資金額には1円も手を付けずに、そっくりそのまま返済し、バランスシートを棄損させることもなかった。

それより次世代の開発にじっくり取り組めたお陰で、回復後には新機種の問い合わせも急増し、リーマン前の業績を塗り替えるほどの活況を呈したのである。

しかし、現実には有事にのみ込まれる場合もたくさんある。1989年末に日経平均の最高値を付けた後の、バブル崩壊でのサバイバルを賭けた決断での明暗は多くの教訓を示してくれている。当時、私も若かったから今ほど体験もないので間違っているかもしれないが、これだけは正しいと確信している。

株式バブルが90年の大発会から崩れ始めたとき、一時的な調整でまた戻ると判断して攻めに行った人と損切り覚悟で会社を小さくし守りに徹した人がいた。

不動産バブルは確か2年弱くらい遅行して崩れていったと記憶しているが、そこでも売上を無理にでも伸ばして利益を出しにいく戦略をとり危機を乗り越えようとした人と、土地の投げ売り覚悟で身を軽くしていった社長も少数派ながらいたのである。

生き残りを目指すところは一緒でも、キャッシュフローを理解している社長とそうでない社長の経営決断は真逆であった。

◉会社の継続が全てに優先する

一倉先生の書籍の中にも、答えは「緊急時には、収益より資金が優先する」と端的な表現で示されている。渦中に巻き込まれると冷静な判断、決断ができなくなってくる。そして、状況判断も自分に都合の良いように好転することを期待し、一発逆転のホームランを狙いに行くのである。

中堅の建設会社であったA社は、同業も含め厳しい経営環境の中で生き残るために、どういう戦略を採るかで社内で喧々諤々の議論が行われていた。バブルのフォローの風の中で伸びてきただけに強気派のグループと、ここは規模を縮小して再起を図ろうとする慎重派に分かれた。同族会社の身内が各派のボスだっただけに、互いに遠慮はないから意見の対立は激しくなる一方だった。

最初は次男が率いる慎重派が頑張って、いらないものを捨てるのと同時に比較的小さな工事を受注し資金をつなぎ凌いでいた。そのため、何とか将来に光明が見えかけるところまで来たのである。しかしながら、社長の長男の専務が我社の力量では手に余る大規模工事を取ってきたために、社内は一気に盛り上がり、迷いあぐねていた社長も強気に転じ形勢逆転となってしまったのである。

大きな工事の財務的な特徴は、工期が長いだけに資金面から見れば回収に時間がかかるし、一部の外部業者に対する支払いは先に出て行ってしまう。売上高に目が眩んで一見儲かるように見えるが、粗利益率は低いし、実行原価で締めてみると本当に現金が残るかどうか、やってみないとわからない現場も数多くある。

平時であれば銀行の協力も仰げるが、当時の状況は銀行自体の腰も引け、どんなにお願いしても本部の了解がもらえなかったことを覚えておられる社長も多いと思う。さらに悪いことに工事中に事故を起こしてしまった。

工事規模が大きかろうと小さかろうと事故を起こしてはいけないのは当然だが、くどいようだが資金面から見れば小さな現場だと、ひょっとしたらカバーできたかもしれない。運が悪かったでは済まされないのである。結果は資金ショートという最悪の状況を迎えてしまった。

比較的近い業種で同じような環境を生き延びた社長もいた。不動産を扱っていたので絶頂期までは大変な勢いだったが、状況が好転するまでには相当の時間がかかるとみて会社自体も縮小し、在庫の土地も一気に処分してしまった。
「見切り千両」とはよく言ったものだが、バブル崩壊の荒波を何とかくぐり抜けた後も同様に不動産の扱いは続けられたが、ある方針を絶対の憲法として自分に課し小さくても強い会社を作られたのである。「仕入れた土地が、4ヵ月以内に販売できなければ損切りしてでも絶対に手放す」

この憲法を守っていればどんなことがあっても潰れないという、修羅場の中で体験し、多くの先輩社長を反面教師として得た教訓だと話してくれた。

今にして思えば、在庫回転率だの、キャッシュフロー経営だの、キレイゴトの理屈を並べて説明してしまうが、実践の中で苦悩し、それこそ全財産と命を懸けて身に付けた経営の肝こそ実学そのものである。

有事には売上規模でもなく利益でもない。事業の継続を支える「資金の確保」の1点に目標を絞り全社を挙げて取り組むことが全てなのである。

◉中小企業の二頭経営は致命傷

長く経営を続ける同族経営の最大リスクの1つが、親子ゲンカと兄弟の争いである。
どちらかが主導権を握るか、どちらかを追い出す結果となるほうが、小さな組織内で×

×派に分かれてゴタゴタが続くよりよっぽどましである。

一倉先生のいう「正しいワンマン経営」こそが同族経営であっても、一族が協力して目指す方向である。

観光地で有名な人口3万弱の地方都市で騒動が起こったときのことである。地元の銘産品を手掛ける会社だから規模以上に地元では有名な会社で、親の時代は兄弟で堅実に業績を伸ばしていたが、会長（兄）・社長（弟）それぞれの長男が会社に入っていて、そろそろ事業承継を考える時期に来ていた。

実際に直接会って話を聞き、主要取引先からも評判を聞いたが、一人ひとりは熱心に仕事もするし、真面目だし、悪い噂は聞かなかった。

息子たちの互いの主張をよく聞いてみると「会社をもっと良くしたい」という強い思いは共通しているのだが、経営方針が真逆で、拡大路線と堅実路線の主張を繰り返すばかりだった。どこでも似たような話は、兄弟だろうが、いとこ同士だろうが見聞きする。

父親としては当然のように自分の息子を後押しし始め、途中から会長と社長の兄弟ゲンカになってしまった。最後には、「会社を分割して互いの道を行こう」と言い始めたのである。

「田分け」の教えではないが、小さな町で小規模の会社を分割すると共倒れになってしまう危険性が高いのは誰だって想像がつくし、社員はしらけムードである。社内が分裂し、会社を分割することはよくあることだが、多くの場合上手くいかない。

地域を分けても、得意先を分けても、事業部を分けて互いに独立して経営していこうとも、ちょっと時間が経てば、互いに覇を争い泥仕合が繰り返され、一方が敗れれば風評被害によって、結局ブランドを傷つけ信用を落としてしまうのである。

この会社の場合は分割だけは避けなければと判断し、周りの協力もいただいて半ば強引に一方の親族に退いていただいた。

兄弟経営がダメだとか、難しいと言っているわけではない。兄弟仲良くやっている会社をいくつも知っているし、三兄弟、姉妹で経営している会社もある。

親族が結束して経営すれば、当然業績もよくなる。意見の違いは毎日のようにあるし、ときにはケンカもしているが、経営方針を社長が最終決定したら、それに向かって懸命に努力する兄弟ほど頼もしい幹部はそういない。

ただし、そのためには時間をかけ、親子、兄弟が同じ経営の勉強をしているし、親が勉強させている事実を見逃してはいけない。根幹になる経営の方向性やお客様に対する姿勢、社員、取引先などステークホルダーに対する考え方などが大きく違っていると、自分の考え方に固執し、面子を懸けた争いに陥ってしまうのである。

第4章

一倉社長学を支える「経営の両輪」

輸入物マネジメント学は百害あって一利なし

「ヒト」「モノ」「カネ」は昔から言われる経営の3要素で今も変わらない。新たに情報や時間などを加えていることもあるが、「モノ」に包含されるビジネスモデルの一要素である。情報がビジネスも戦争も制していたのは歴史の教えるところで、今に始まったことではない。

問題は、3要素の順番である。

実際に多くの会社にお邪魔し、社長の相談に乗っていると「モノ」があり「カネ」がまわり、最後に「ヒト」がついてくると考えざるを得ない。ときには「カネ」が先の緊急時もあることは先に書いたとおりである。しかし、「ヒト」は常に最後である。

私の手元にある一倉先生の古い著書『ゆがめられた目標管理 ～企業目標とその展開～』（技報堂・1969年）にも厳しく指摘がされているが、「企業は絶対に潰れない」という前提条件下での目標管理や人間関係論をマネジメントと称し、経営学としていることに警鐘を鳴らしているのである。

さすがに、今の大学の経営学の講義で取り上げられてはいないだろうが、40年前の大学の講義で「経営学の父テイラー」を習い、「ホーソン実験（１９２４〜32年）」の内容を経営学と教わった記憶がある。

確かに会社の産み出す製品、商品がずっと売れ続ければ、内部管理による能率向上も業績に貢献し、科学的管理学、人間関係論も経営にとって優先度の高いテーマになる可能性もあるが現実にそんなことはない。

創業者は倒産の恐怖と闘いながら、販売と資金の大切さを理屈なしに身に付けていく。一方、後継者の子供たちは大学で管理学を経営学として学び、父の経営する会社に入って後継者として育っていく。知識で倒産のことを知っていても実感することがないから、大学や海外、ＭＢＡで学んだ最新知識が優れており、父親の経営は古くて遅れた経営と頭から思い込み、社内の不備に目を向けてしまうのである。

一倉先生自身が若いとき、メーカー４社で働き、責任者として、どんなに立派に工場管理をしても会社が倒産してしまった苦い体験と重ね合わせ、この管理病の害毒を嫌ったのである。

権威は持っているが、中小企業の実態を知らない学者がアメリカ直輸入の管理学の本を経営学と称し、社長も安易にマネジメントこそが経営と思い込むことが許せなかったのである。

◉会社は潰れるようにできている

会社はヒトの集合体である「組織」を形作り、組織はいったんカタチができると体制を守るために変化を嫌うという性質を持っている。

一方、会社を取り巻く社会とお客様は徐々にではあるが常に変化、進化し続け、ある時点で急激な変化を遂げ、世の中の価値観をも変えてしまうのである。

組織のトップは権力を握るために、この体制が続くことを願い、世襲を選択する。宗教でも、国家でも、官僚でも、およそ「ヒト」が集まると同じで、歴史が長く規模が大きくなればなるほど硬直化するものである。

10年にわたって事業が好調で、高収益が続けば、多くの人は「これがずっと続く、続いてほしい」と思い込むようになる。売上に陰りが出たときも、前の好調時に戻す努力を一生懸命、真面目にやってしまう。そして、儲かっていたからお金も使えるので、大勝負に出る社長も多いのが現実である。

社会が、お客様が変わりつつあるのに、社内は過去の栄光を追い求めてしまう。だから、努力していないわけではなく、変化するお客様に対して、痛みをともなう変化をしたくない組織はお客様の支持を失い、モノが売れなくなり倒産してしまうのである。簡単な理屈だが、組織の中に入るとこれが見えなくなる。

「なぜか？」。一倉先生は、「ヒトは自己中心的にできている」からだと一言で答える。なぜ、ヒトは自己中になるのかは、心理学者にでも任せておけばよいが、これからの社員は核家族で育ち、小さいうちから自分の部屋を持ち、携帯電話とPCが当たり前の環境で大人になる。ますます自己中の度合いが強くなっているのではと心配している。

自己中の経営を「天動説」と呼んだが、社長は自らの意識改革をして組織全体の意識と行動改革をトップダウンで強引にやり続けないとお客様の変化に後れを取ってしまう。社長が変わらずに、社員にどんなに「変われ、変われ」と叫んでみても、返事は「ハイ」と言うだけで何も変わらない。

組織を壊し、再構築するには、上からの強烈な力がいることを知っておくべきだ。そして、いったん成功したかに見えても手を緩めればすぐに元に戻ってしまう。実行した社長なら誰でも知っていることである。

ボトムアップなどという生ぬるい手法で経営が良くなるなら、社長なんかいらないのである。

◉良い会社とか悪い会社とかはない。あるのは良い社長と悪い社長である

世界最強と言われた巨人企業でさえ、急激な変化に対応できなければ倒産の危機に瀕することは多くの歴史が教えてくれる。

ＩＢＭはパソコンが急成長する１９９１（平成３）年にはじめて赤字に陥り、93年までの３年間で１５０億ドルにものぼる累積赤字を計上。ついに、社の歴史上初となる社外からの社長を招聘した。世界最強の企業に経営人材がいないということはない。しかも、招聘されたのは、アメリカンエキスプレス、ＲＪＲナビスコの経営者とはいえ、業界経験のまったくないルイス・ガースナー氏であった。

今でも覚えているが、当時「ビスケット屋にコンピューターがわかるか！」という陰口が、日本にまで届いていた。しかし、２年後の95（平成７）年に苦境を脱し、２００２（平成14）年に会長を退任するまでの10年間で、ＩＢＭの再生と再成長軌道に乗せた実績は驚異的な成功と、全世界で絶賛されたのである。

あれだけの超優良企業でさえ社長が代わらなければ、それも外部社長というＩＢＭの歴史からすれば考えられない手術をしなければ、倒産の危機から脱することはできなかった。また、中国の故事には「一国は一人を以て興り、一人を以て亡ぶ」（蘇洵「管仲論」）とあるように、大国の盛衰も１人のリーダーの在り方次第であると教えている。

中小企業のオーナー社長は自身が株主であり、上場企業のように外部からの監査も弱い。創業者であれば20～30年間トップの地位にあり、後継社長でも20年くらいの長きにわたって経営していくのであるから、会社は社長の性格の生き写しのようになっていくのである。

第6章で少し詳しく触れるが、バランスシート（貸借対照表）を診ると社長の性格や考え方、癖がハッキリと出てくるから不思議である。幹部以下社員にいたるまでも、社長に似た人たちで固まってくるから、良い意味でも悪い意味でも金太郎飴集団となり、世間はそれを「社風」と呼ぶようになる。

一倉先生の言う「業績責任は全て社長1人の責任である」という名言と根を同じにするものである。だから、社長が「ウチの会社は……、社員は……」と悪口を言っているようでは、「自分がダメだ！」と自ら認めていることになってしまう。

立派な社長は皆「ウチの社員は本当によくやってくれる」とニコニコ顔で語ってくれるが、決して甘やかしているわけではない。何より社長が一番精進しているのを社員全員がよく知っているので皆がついてくるのである。

経済的価値の創造と事業継続が企業の任務

では、経営の両輪が「ヒト」でなければ「カネ」か「モノ」か、どっちが先か？

タネ銭にあたるお金は必要だが、今も昔も出資者や、最近ではクラウドファンディングのような仕組みで調達することができる。タネ銭があってもお金が増えることはない。何といっても「お客様に買っていただけるモノ、サービス」を産み出せるか、に会社の繁栄の全てがかかっている。

だからこそ、社長自らが外に出てお客様に接し、「本当に何をしてほしいのか？」「何に困っているのか？」「何が不満なのか？」「もっと楽しいことは何か？」をあらゆる手を尽くして探し求めるのである。

それも1つのモノでは早晩、会社の寿命が尽きてしまうので、業績が好調なうちに次々と実験を繰り返し、事業の柱になりうるモノ・サービスを創造していかなければならない。新商品、新事業が世に出て、定着する確率が低いことは既に述べたが、一倉先生の教えの中にユニークな「新商品開発の秘訣」がある。

試作段階では、コストは一切無視して考えられる完璧なモノを作って、「お客様に喜んでいただけるかどうか？」というもの。ここでダメだったら市場調査もコストも利益計画も全てが成り立たないのであるが、多くの会社では、開発担当者に任せ、予算ありきの状態で中途半端な試作品を造ってしまう。

真のお客様ニーズはどんなに聞き出しても、お客様自身が明確に認識しているわけではないから、試作品を試してもらって反応を見るしかないのである。そのときにコストに縛られない試作品で、お客様が買いたいと思ってくれるモノ（価値）は何か？　どうして買いたいと感じたか？　を探り、原価企画に進むことを勧めている。

お金も時間もかかるから、現業が順調なうちに着手しておくしか手はない。社長が立派なデスクで椅子を温めている暇などないのである。社内には経費しかなく、お客様のところ、会社の外にしか、利益は存在しないことを繰り返し、繰り返し、一倉先生は説いているのである。

◉お客様がお金を払って「付加価値」が生まれることが全て

「モノ」がどんなに売れても、そこから「ある一定の付加価値」が生まれないことには、経営視点から見れば全く役に立たない。こんなことは社長でなくともビジネスマンであれば、誰だって知っている当たり前のことである。しかし、現実の世界ではそうなっていない。

世の中に安売りを仕掛けてくる業者がいることが何よりの証拠である。安売りを仕掛けても成り立つのは、業界内で圧倒的とも言えるシェアを取っている一位企業だけだが、中小企業が仕掛けて逆に自分の首を絞めているのは、どこの業界でも日常茶飯の光景である。

どの業界でも、これくらいの粗利益は確保しないと経営が成り立たないという「粗利益率」と「粗利益額」がある。

では、粗利益とは何か？　ということになるが、小売業や商社、サービス業であれば、「売上－仕入＝粗利益」となり、「粗利益÷売上＝粗利益率％」と簡単に出せる。製造業や建設などは少し複雑になり「売上－変動費＝粗付加価値」となり、「粗付加価値÷売上＝粗付加価値率％」と考え方は同じである。

詳しい社長からはよく「粗付加価値＝限界利益ですか？」という質問を受けるが、その通りですと答えている。

我々は会社内の経費も、給料も、税金も、利益も、この粗利益で全て賄っており、安売りをするということは、仕入原価が変わらなければ原資が少なくなることを意味する。2倍も3倍も売れればいいが、供給能力が追い付かないのが実際のところである。

幹部社員と話をしていてこの道理がわかっていない人が多いのには驚く。しかし、給料は誰から？　という質問には、みんな「お客様から」と答えてくれるのが救いだが、実際にはお客様が支払ってくれたお金の中の、社外流出した金額を除いた粗付加価値、粗利益の中から給料が出ているのである。

わかりやすく説明するのに、よく「リフォーム業」を引き合いに出しているが、生活者として実感があるだけに納得性が高いと思っている。１００万円でリフォームをした場合、材料費と外注の大工さん、電気、水道工事屋さんの職人に75万円掛かったら粗付加価値は25万円、25％となる。原材料＋外注加工費が変動費で社外流出分となる。

リフォーム会社は、確かに売上１００万円であるが、住設機器メーカーと職人のために回収代行し、そのまま請求通りお金を支払うので、手元には25万円が残り、会社の収益は実質25万円となり、この中から会社の経費、給料、次の宣伝広告費、社長の給料も払っていくのである。

利益をキチンと出しているリフォーム会社はこの粗利益率が30％あり、中には35％近くの高付加価値率で仕事を契約しているエクステリア業者さんもある。25％ではどんなに頑張っても経営は維持できなくなってしまうが、その点を指摘すると、競争が激しくてそれ以上高い見積もりで契約できないと開き直っている。

それでいて給料が安いとブツブツ言っているのだから、事業部長でさえ本当のところはわかっていないと判断せざるを得ない。

必要粗利を含めお客様に買っていただける仕組みを考え出すのが、社長に課せられた仕事の第一である。責任者にしっかり教え、社員がその仕事を正しく実行しているかどうかを管理することが大事であると、繰り返し、繰り返し言い続けるのである。

◉マネジメントは「利益を漏らさない」工夫でしかない

先ほどの30％の粗利であるが、実際に工事をして予定通り30％の粗利が出るかというと、実行原価を締めてみると2〜3％予算オーバーになってしまうことがよくある。

打ち合わせ不足、段取りミス、手待ち、工期の延長、クレーム設計変更、さまざまな要因が1つの現場でも考えられる。一つひとつはわずかな金額でも、年間を通してみると無視できない金額となる。もともと受注事業で大きな粗利が見込めない体質であるから、ミスが重なると赤字ギリギリとなってしまう。

中堅の鋳物工場に通っていたときも、仕事量は予定通り受注できているものの、利益計画と実際の利益額に大きな差が出ていた。なぜだろうと役員幹部も思ってはいるが、現場は納期対応に忙しいし、赤字になってはいないので厳しく原因追及するまではやっていなかった。しかし、こちらも気になって調べてもらった。

小さな手直しや追加作業など細かい点はたくさんあったが金額的には少額であり、決定的なコスト発生源は3つの仕事とわかり再発防止に動いてもらった。

いろいろと聞いていくうちに現場の年配職人さんが、「この湯口（鉄を流し込むところ）の形だと、あまり上手くいかないんだよね〜」と。さらに、「最近の設計は、現場を知らないで図面をコンピューターで書くから無理な箇所もあって、自分たちでチョコっと直すこともあるんだよね」と当たり前のように話してくれた。

これだけで全てが解決するわけではないが、設計担当者の教育という根本から手をつけなければならないことははっきりしたのである。やるべきことを正しく社員全員がキチンとやる。これを回すのがマネジメントであり、経営にとって極めて大切ではあるが、利益や利益率が飛躍的に上がるものではない。

マネジメントが弱い会社は、利益がポロポロと漏れていて、社内もそれが当たり前だと思っているから、事故やトラブルが起きると対策会議はするものの、「以後気をつけよう」で終わってしまう。これでは低収益体質のままで何の問題解決にもならない。

マネジメントを強化すると当然、漏れていた利益が止まるから表面上は利益が伸びるが、さらにさまざまな手法を駆使しても、予定利益以上伸びるものではない。社長は、この限界を知って使い分けていただきたい。

◉変転する市場、お客様の要求に合わせ、会社を作り変え続ける

市場、お客様の要求、価値観が変わることは、自社にとって「売上が急落している商品」「赤字商品」「赤字の取引先」が発生するということである。

お客様への定期訪問でつかむ定性変化と会社内の数字の定量変化で確証がとれたら、ス

クラップ&ビルドの「スクラップ決断」をすることである。中小企業が赤字部門を抱えたまま、社内改革を進める余裕もないし、人手も余っていない。スクラップしないと、新規事業を担当させる社員も捻出できないのである。

だが、これがなかなかうまく進まない。理由はいくつもあるが、実際に会社に行ってみると「本当にどの商品がいくら赤字なのか？」のデータが揃っていないケースが圧倒的である。たとえば、ここ10年～20年の経営で最大の変化は何といってもコンピューター、センサー、GPS、インターネットなどに代表されるハイテク化である。中小企業で社内イノベーションを実行することは　思った以上に強力な壁が存在し、難しいものである。

ある金属加工メーカーでは、年配の熟練職人が工場内で威張っていた。若手営業マンが努力して新規の仕事を取ってきたが、工場長に「こんな小さな仕事ができるか！」と一喝されて、先輩に外注先を紹介してもらっている光景を目の当たりにした。驚くばかりである。

人件費の一番高い工場長が、大事に造っている製品がいくらの稼ぎになっているのか？将来の伸びしろは？　数字もなく検討もされず、ほとんど思い込みのカン（勘）ピューターである。ある職人社長は、腕の良さでは業界で名前が通っているほどだったが、コンピューター制御の加工機を見た瞬間、時代が変わったこと、もう腕一本の時代では勝てないと心底思ったと言った。

当時の設備は、びっくりするほどの値段だから手が出ないし、同じ機械を導入すれば誰が造っても同品質になってしまうので、自主開発という厳しい道を選んだ。何といってもパソコンがわかる若い技術者の採用である。彼に社長の頭の中にあるモノづくりの勘と経験、ノウハウを伝え、パソコンで制御させようという考えだ。

他の職人たちからすれば、あいつは仕事もしないで何やってんだ！とばかりに悪口を言うし、途中からは、自分たちの仕事が奪われると思い込み始め、邪魔をする者まで現れたのである。社長としては放ってはおけないから、本社から離れたところに小さな加工場を借り、若い技術者と開発を続けたのである。

3年はかかったが自社オリジナル機は夜も寝ないで仕事をしてくれるようになった。競争力、納期スピードは業界一になったのは必然である。

会社変革の方向性によって大変なのは、新しい人材の確保である。これまでの学校人脈が役に立たなくなり、大学の先生のコネも一から作らなければならないし、社内に技術者の力量を測れる人はいないから、中途採用しても適任者かどうかわからない。

この金属加工メーカーの場合も、工業系学校からの採用が、コンピューター技術者に変わるから社長主導でかなり強引に実行しないと難しい。さらに短期で目に見える成果が出ないから、社長が守り通さないと潰されてしまう。

同業種での会社変革で難しかった典型例は、電気工事業の業績拡大を目指して、従来の公共工事、法人工事から個人消費者対象の事業へとお客様を加えようとして取り組んだときである。技術者の中から、人当たりのよさそうな社員を選抜し新事業に取り組んでみたが、一向に売上が立たず、自信をなくした社員から辞表が出てしまった。

現業では優秀な社員であっても顧客対象が変わってしまうと勝手が違い、多くの社員は戦力にならないことが多い。1回自信をなくしてしまうと現業にもマイナスになるし、本人も後々の成長が鈍化してしまい良いことはない。

先の例のように、法人から個人、個人から法人、庶民対象から富裕層、地方都市から東京など、思った以上にハードルが高いときは、少々の失敗は覚悟の上で、経験者をスカウトして別組織を作っていき、グループに加えていくのが、回り道だが近道となるのである。

◉一倉先生直伝、「シンデレラの発見」

現業が衰退していく中で、見事に会社を作り変えられた社長に話を伺ったことがある。

一倉先生の講座にも何度も出ていた社長で、現在はリサイクルショップを全国展開している名経営者である。高級な音響関連の店舗をいくつも経営しておられたが、ミニコンポの時代になり市場は急速に縮小して事業継続も危ぶまれる状況に陥った。

いろいろ策を講じるが打開策が見えない中、以前から年に1回開催していた下取り品のガレージセールが好評だったのをヒントに、リサイクル店という業態に賭けてみた。お店は狙い通り繁盛したし、粗利率も以前と比べようもないほどに高くなったが、多くの優秀な技術系社員はリサイクルショップでは働きたくないと辞めていったそうである。

今では全国にさまざまなチェーンがあり、当たり前の事業も草創期には産みの苦しみがあった。成功の決め手は？と問われて絞り込めないが、1つには足元に未来につながる芽がないか、小規模であってもお客様が支持してくれる芽がないかを丹念に探してみることである。お客様が同じであれば苦労は半減するからだ。

一倉式の商品分類でいうところの「シンデレラ」の発見である。頭で考えたってわからない。絶対にあきらめない姿勢で「お客様がお金を払ってくれている事実」を先入観なしで見ることである。もう1つは時間である。社員が現実を受け入れ、意識を本当に変えてくれるまでの間、資金が続けばいいが現実にそんな余裕はないから、躊躇する前に即実行である。

皆で会議をしても始まらない。小田原評定になるだけで時間だけが浪費される。やる前から否定をしないで、お金を掛けずに実験的に思いつく全てのことをやってみるしかない。

座していれば結論は見えているのだから。

ウソかホントか知らないが、ドン・キホーテの深夜営業も、店内整理か棚卸かで夜遅くお店で作業をしていたら、たまたまお客様が買い物をしてくれて、深夜にも市場があることに気がついたと雑誌記事に社長のコメントが載っていた。まさかと思い、実験的に深夜営業してみると、昼間の売上を超えたとも書いてあった。

同様に1つのキッカケ、お客様の何気ないつぶやき、クレーム等から未来をつかんだ事業家はたくさんいる。しっかり準備をして24時間、365日、必死で探し求めているからこそ、幸運の前髪をつかめたのだと思う。これまで規制で守られていた電気、ガス、エネルギーなどの業種や技術革新の激しい業界、人口減少の影響を直接受ける事業など、一刻の猶予も許されない。

自社にとっての新事業でも、先発のフランチャイズに加盟しノウハウを導入したり、中小企業で後継者のいない会社をM&Aで手に入れたりする動きも活発に行われるようになってきた。

結果として、「新しい種類の設備投資」がこの3~5年でされているか? 従来とは「違う分野の人材採用」が何人されているか? 仕入先のABC分析を出してみて5年前と比べ順番がどう入れ替わっているか? に改革の足跡が見て取れる。

新しい付加価値を産み出す「次の事業」を創る力こそ、社長が備えなければならない経営力そのものである。

最高益を出しながら、なぜお金がない？

両輪のもう一方は何といっても「カネ」の力である。企業倒産の原因はいくつもあるだろうが、最後の最後の引き金は「資金の枯渇」「支払手形の不渡り」だからだ。

一倉先生の信条は、「絶対に会社を潰してはいけない」。だから、ことのほか「バランスシート」を大事にしていたし、支払手形ゼロを目標にしていたので、今でも一倉教の会社のバランスシートを診ると「流動比率が２００〜３００％以上」は普通。現預金も充分すぎるほど持っているからすぐわかる。

今の若社長に聞いてみると、「確かに会長は一倉教ですから」と苦笑いしている。一倉式の経営計画の特徴の１つに、「目標バランスシート」という数表が売上利益計画の次に添付されている。

考え方は簡単だが、実際に作るのはちょっと難しい。

今期の「売上利益計画」、これが予定通り達成できたら、こんな数値の「バランスシート」になる、と先に1年後の目標バランスシートを作って発表するのである。銀行担当者にとってこんなありがたいことはない。

また、「バランスシート」の数値を社長が望む値に変えるためには、「売上利益」「設備投資」「在庫増減」「売掛債権」「買掛債務」等々を一定数字内にコントロールしなければならないと社長が決めて、無理を承知で全社員に実行をお願いしろというのである。

そうして手堅い経営を10年、20年と続けていくため、現預金は積み上がり、好不況にビクともしない強い財務基盤、キャッシュリッチな会社が出来上がっていくのである。無借金経営、自己資本比率70～80％の社長はたくさんいらっしゃる。「バランスシート」は社長が自分の意思で作るものだ、という教えの実践者たちである。

しかし、多くの社長はこんな細かいことは苦手で、はじめて見る「資金運用表」の作成と、そこから目標バランスシートをつくる実習でつまずくのである。最初はエンピツ舐め舐め格闘しているのだが、転記1つ間違えると数字は合わなくなるし、もともと数字嫌いで短気な社長は、エンピツを放り出してしまう。

そうすると、「何でこんな簡単なことがわからないんだ！」とやっぱりカミナリが落ちるのである。儲けることが得意な創業社長の特徴は、カネの使い方も大胆であり、たいていの場合、資金運用を暗算ではじいて、「いける」「いけない」を判断している。

また、この見立てが結構、的を射ているのである。ただし、人に上手く説明できない。それに毎回毎回予想通りに大型投資が成功するわけではないので、大儲けの後に資金不足の大ピンチがやってくる。繁盛が続くと欲が出て、投資金額が大きくなることも一因で、社長を止められる人がいなくなるからだ。

返済計画は事業が当たって出た利益で考えているが、実際の利益も手元で使える金額はそんなに多くない。

もし、100の税前利益が出るとすると、税金に40、次の予定納税に20、さらに売上を伸ばす計画だから、原材料を先に手当てし、在庫や売掛金におカネが消えていく。人も増やさなければならない。先行投資の金額はバカにならない。

残りは、20〜30前後になってしまう。唯一の頼りは減価償却費だが、構築物などを建てると耐用年数が長いので、償却費は多くは計上できない。鉄筋の本社ビルなど資金繰り的には最悪である。10年の返済計画では利益が伸び続ければ資金が回るかもしれないが、決算書上、多額の利益を出していて、急成長企業とマスコミで称賛されていても、思った以上に手元資金がないのが普通の状態なのである。

そこに、10年に1度くらいの経済変動「〇〇ショック」のような予想外の外因が襲ってくると、急激に資金難に陥るのである。それを防ぐのが「目標バランスシート」の作成であり、財務強化の長期計画の立案なのである。

一倉先生の古い本に、バランスシートを計画して作っている東海地区の名経営者の紹介が少し載っている。なんと10年先までのバランスシートが作ってあるというので、一倉先生がその社長を訪ねて秘訣を尋ねている。

ご存じの社長も多いと思うが、この経営者こそスター精密（株）の創業者、佐藤誠一氏である。私自身も生前の佐藤誠一社長に少しご縁をいただいたが、一代で一部上場企業をつくられるほど豪胆だが極めて緻密な、そしてとても魅力的なお人柄であった。

一倉先生は、佐藤社長の長期バランスシートは緻密すぎると思われたのかもしれない。少し簡便法で、あまり数字に強くない社長でも作れるように工夫されたようである。

ありがたいことに、私自身が今、佐藤誠一氏のご長男でスター精密の社長を務められ現在、会長の佐藤肇先生の長期計画の作成合宿「佐藤塾」を長年担当しており、5年後の目標バランスシートの作成を手伝っている。

10年以上にわたり、目標バランスシートを作成されている会社が、本当に高収益になったり、何十億という借入金を返済し無借金を実現したり、後継者が財務の知識を身に付け、立派な社長として陣頭指揮を振るっている姿を目の当たりにしている。

長期計画、目標バランスシート経営に代表される「カネ」の知識こそ、社長が身に付けるべきもう一方の経営力である。

◉社長は、経営数字を常に「3つの視点」から見ろ

一倉門下生の中で、特に経営数字に強い2人の社長がいる。あるとき繁華街で一緒にクラブ活動を行っていたが、例によって隅っこで商売談義が始まった。

1人が胸ポケットから小さな電卓を取り出し、ああだこうだと言っている。この社長は常に電卓を持ち歩いていて、なんでもすぐ計算するのである。もう1人は半分天井を見ながら、ブツブツ暗算計算の最中である。典型的な創業タイプで計算がめちゃくちゃ速い。聞いていると利回り計算、投下資本で何%のリターンが見込めるか、新事業として魅力的かどうかを一生懸命話し合っているのである。

◉経営数字の見方の1つは「%」である

構成比も%であり、利回りも%であり、世界共通の経営指標も最終的にはROAなのだから、%でモノゴトを考え、判断する習慣を社長は身に付けなければならない。

まったく矛盾することを言うようだが、もう1つは「絶対金額」である。

たとえば、経営目標の設定で売上利益をいくらにするか、はどの会社でも重要なテーマで、一倉先生は8つの目標設定基準を提唱している。もちろん全部が絶対金額ではなく、市場の地位などの定性目標もあるが、社員1人当たり経常利益目標だとか、年間返済金額から割り出さなければならない利益金額など、「%」がどんなに高くても金額不足では経営が回らないからである。

支払いは全て絶対金額であるからだ。そのとき、「1人当たり」に代表される単位基準と、総額を使い分けると効率の良し悪しも見えてくる。

中小企業がどんなに頑張っても5000億、1兆円を超えるような企業とは総額競争では勝てないが、社員1人当たりに割り掛けると大手を凌駕している高収益企業はたくさんある。これが中小企業経営の醍醐味でもある。そこを目指してほしい。

そして、3つ目が傾向である。

ただし、数値がコンピューターから細かい字で打ち出された表を見て、傾向を見抜けるほど普通の人間は精緻にできていない。だから一目で見て誰でもが同じ感想を持てるシンプルな図表、グラフにする必要がある。

一倉式「年計表」である。

総売上年計、得意先別年計、商品群別年計、店舗別地域別と会社の実情に合わせて数字の集計を行い、１枚のグラフにすると数多くの発見がある（ネットで調べると作成方法が出ている）。

５年間くらいの中長期で作ると、まず季節変動によるデコボコがなくなるので成長、横ばい、衰退の傾向がはっきり出てくる。さまざまな施策や人事異動、商品リニューアルなど、行ったことを書き加えておくと急に伸びたり、逆にクギ折れになったりと市場、お客様の反応が一目でわかる優れものである。

ある会社の社長室には年計表のボードが５種類貼ってあり、毎月毎月、最新数値が出るたびに、社長がいるときは社長が手で線を引き、社長不在のときは秘書の女性が書き加えている。もう12年くらいになるはずである。

経営数字は社長にとって通信簿である。数字を大切に扱わない社長は、最後に数字に大切に扱われなくなる。工夫次第で多くのことを教えてくれる貴重な存在である。

◉一倉式「４マス表示」だから、誰でも一目で現状がわかる

１年間の大きな数字とともにもう１つ大切な数字が、利益計画の月間計画と実績数値へ記入する数字である。これを毎月毎月、自分で記入していくのである。

ただし、これは年間で「社長が決めた利益計画」がどのくらい実現できていて、目標に対してのズレを確認するためのチェック用である。年間計画を12ヵ月に展開し、①月間目標②月間実績③累計目標④累計実績の4つの数字を、売上利益計画表の各科目に付けていくのである。

自社で使っている売上利益計画表の形式はヒナ型を診ていただくとわかる通り、基本は損益計算書のフォームであるが、製造業のように製造原価報告書のある会社は工夫がいる。売上の下の売上原価は変動費となっている。つまり、原材料費、外注加工費など売上の増減に連動して発生する費用が該当するのであるが、管理会計なので自社の業務内容に合わせて作ればいいのである。

ただし、最初に作るときは2～3年は基本通りにやってみて、使い方に慣れたり社員間で理解が進んでいると思えば少しずつ変えていくことを勧める。

数字は基本的に百万円単位で充分である。売上規模が小さくても千円単位だと数字の桁数が多くなり、精度が高いようだがかえって全体が見えなくなってくる。

東海地区にある商社に3ヵ月ごとに訪問し、クオーター決算の会議に出ているのであるが、数字を円単位まで出してくるので怒ったことがある。管理部長は、これ以上真面目な人はいないというほど几帳面な人であるが、エクセルに入っているデータを全部一覧表に

非製造業

利益計画

（単位　円）

項目		目標		区分	月		月		月	
					目標	実績	目標	実績	目標	実績
売上高			%	当月	①	②	①	②		
			100	累計	③	④	③	④		
売上原価	仕入高			当						
				累						
	在庫増減			当						
				累						
	計			当						
				累						
売上総利益（粗利益）				当						
				累						
一般管理費・販売費	人件費			当						
				累						
	経　費			当						
				累						
	減価償却費			当						
				累						
	計			当						
				累						
営業利益				当						
				累						
営業外収益				当						
				累						
営業外費用				当						
				累						
経常利益				当						
				累						
損益分岐点				この間12ヵ月						
一人当り	粗利益									
	経常利益									
労働分配率										

しようとする。

最終的に社長が見て全体を判断し、「これからどうするか？」を考えるために、また部門責任者に今後の施策を考えてもらうためには、部門実績が10万円単位で上でも下でも経営にとってはどうでもいいことである。

1度、「あたまの2桁」だけの表を作って会議を進行したが、またいつもの表に戻してしまっている。本人は大真面目だから始末に負えない。確かに本人が使っている月々の資金繰り表なら精度も大事だが、エクセル病はなかなか治らない。

◉エクセルの落とし穴

実績数字を毎月、自分の手書きで記入するのが一倉式だが、多くの人から今どきそんな古いやり方は「時間のムダだよ」という声を聞く。事前にデータをパソコンに送信しておいて、「会議の時間を短くして効率化しないと」とも言ってくる。

確かに技術的には簡単だし便利であるが、手書きの効果をもう1度考えてほしい。

その前に、多くの会社に行って幹部と話してみると、「損益計算書」の読み方の知識をそこそこ持っている人が少ないのに驚いてしまう。用語はよく聞くので知ってはいるが、どういう意味合いを持っているのか、どことどこの数字が関連しているのかを知らないし、その比率が高いか低いか、基準値もわかっていない。

ましてや、バランスシートはお手上げである。

データをつくる担当者はわかっているから安心かと思っていると、社長目線、経営的な判断という視点だと、なかなか及第点はつけられない担当者が多い。これが現場の皮膚感覚である。最近気づいたのだが、エクセルを重用する若い社員は検算をしない。1桁入力ミスをすると、ありえない数字が合計値などに出てくるが、それにも目がいかない。

おじさん幹部を擁護するわけではないが、こういうミスを一目で発見するのは、電卓で鍛えられたベテランである。見積もりミスもけっこう多いと聞いたこともある。だから、毎回、数字を読み上げ、数字の意味合いや、数字の流れを説明しながら記入してもらわないと勉強にならない。

教科書の数字で会計の先生に習ってもなかなか身に付かないが、自分たちの行動の成果がリアルにスコアカードで示されるので本当の勉強になる。手を動かして体で覚えるから身に付くのである。

自分で記入するのには、わずかな時間しかかからないが、隣に目標数値が印刷されており、単月の数字を入れ、さらに電卓を叩き、累計の数字を記入する瞬間に、先月を振り返り、「予定した行動が本当にできていたか？」、「今月と来月、どうしよう」と考えられるほど人間の脳は良くできている。

社長は絶対に未達の追及をしてはいけない。幹部は書いたときも、実際には会議の前から自部門の数字はおよそわかっているため、「まことしやかな言い訳、理由探し」をすることに時間と知恵を使うからである。私自身もやってきたことだからよくわかる。

一倉先生の教えにある「業績の結果は全て社長の責任。社員は決めた行動の実施責任」の原則がそこにはある。問うべき、考えるべきは「では、これからどういう手を打っていくか?」である。

また、手書きの凄いところは、書いた数字、表に愛着が湧くところである。数字の奥に隠れているが自分には見える現場の姿が映っているのである。実際にやってみると、この感覚はわかってもらえるはずだ。

確かにペーパーレスのオフィス環境も大事かもしれないが、会社の中で一番大事な資料を、通常業務の添付ファイルと一緒にしてはいけない。効率と効果の違いもわからない頭の固い管理職を登用している社長が悪いのである。

第5章

高収益の事業構造に我社を作り変え続ける

会社の真の支配者はお客様である

一倉先生の名言の中に、「我が社の赤字は、お客様を忘れたのが原因である」（『一倉定の社長学』第9巻「新・社長の姿勢」）という言葉がある。

会社の売上が落ちているとき、社内で行う販売会議、経営会議を思い出していただきたい。社長として何を話しているか？ どんな議題になっているか？「販売キャンペーン」「セール企画」「同行販売」「イベント」「DM」「ホームページの改訂」「Web通販」等々、過去にやって効果のあったコト、他社がやっていて好評と聞いたのでウチでもやれないか？ などほとんどが「自社の都合」と「売上」のことばかりではないだろうか。

経営理念に「お客様第一」を謳い、朝礼で毎朝唱和しようとも全社員はよく見ていて、「結局は『売上第一主義』なんだ」と口には出さないが思っている。社長自らが、「お客様の変化」「お客様の都合」「お客様の真の要求」「お客様の立場」に立って行動しなければならない。

◉言葉だけの「お客様第一主義」、真の「お客様第一主義」

「実際にはどうすればいいか？」は業種によって違うだろうが、「なんと言ってもお客様のナマの声に耳を傾けること」「社長自身がお客様になって利用してみて不平不満を感じること」を始め、身銭を切ってみることが一番である。考えたってわからないものだ。社長によく言うのは、「社長自身が、自社への一番のクレーマーになること」だと。

私自身、仕事がらよく貸会議室を利用するが、運営会社によって考え方の違いがよくわかる。最大の違いは経営サイドの効率優先か、利用者サイドの満足かになってくる。一番は音響の問題である。パーテーションで間仕切ると会議室は効率よく貸せるから売上は上がる。誰が考えてもそうなるので、ほとんどの貸会議室の設備はそうなっている。

しかし、運営サイド、講師の立場で言えば隣の音漏れ、こちらの音響を気にしながらの使用は随分とイライラするものである。結局、「あそこはウルサイから使わない！」となってしまう。運営会社の現場担当は皆知っているだろうし、会議でも言っているはずだが、結局は売上優先で「うるさいお客もいるなぁ～」で終わりだろう。

しかし、この事実をしっかり知って内装段階から音対策を施し、パーテーションがなく全部独立型の会議室で事業をしておられる社長もいらっしゃる。よく勉強される社長で、自身もいろいろな施設に行き、自らが不便に思ったことを、自社の会議室事業に反映させているから利用者のリピート率が他より高くなっている。

防音対策だけでなく、会議用の備品、コーヒー等の準備に至るまで、会社で言えば総務の担当者が喜ぶ施策が事細かにされている。当初の稼働率が低くてもそのうち挽回するし、何より新規顧客の獲得コストが徐々に下がってきて収益が上がるようにできている。

何の事業でも同じだが、リピート顧客に圧倒的に支持されている事業が一番強い。お客様は不満に思い始めたら、無言で去っていかれる。見る目の厳しいお客様、超常連さん、目立たないが長くご愛顧いただいているお得意先様、こういう方々の購買頻度、来店間隔が空いたときは、現在の業績に関係なく社長自身が自社を見つめ直さないと手遅れになってしまう。

◉「お客様の定義」が明確に示されているか

東京の郊外に高齢者の方々が入院されている有名な病院があり、その病院に大変ご迷惑をおかけしたことがある。

厚遇サービスで評判だったので見学を申し入れ、お邪魔させていただいたときのことだ。いつもの通りスーツで伺ったが、おじいちゃん、おばあちゃんは何も気にされずにいろいろお話をしてくれた。私も何も全く気にしていなかったのだが、ある家族の奥様がお見舞いに来ておられ、病院にクレームほどではないが苦情が入った。

「うちのおばあちゃんは見せ物じゃないんで……」と。

確かに、ご家族からすれば、病院関係者でもない知らない人間が、いかにも仕事モードのスーツ姿で歩き回っていたのが、不愉快になられたのだと思う。病院にも、ご家族にも申し訳ないことをしてしまった。

別の高齢者施設でも、ご本人とご家族の両者にご満足いただくのは大変だと教えていただいたことがある。世界的に有名なジョンソン・エンド・ジョンソンの「我が信条」の第一の責任の冒頭には、「医師、看護師、患者そして母親、父親をはじめとする」云々と書かれ、お客様を明示してある。患者様が大切なお客様であるとは思っていたが、私は家族の心情まではわかっていなかったのである。

しかし、自社のお客様を明確に定義している会社は、そんなに多くない。だから、社員一人ひとりが考えているお客様像はバラバラなはずである。

お客様を定義しづらい事業、たとえば小売・サービス業などでは、品揃え、価格帯、店構えなどで暗黙裏に顧客層を絞っている。レストランも同じである。特に高級品を扱う店舗はわかりやすい。価格による顧客設定は強力だからだ。

しかし、皆が高額商品を扱えるわけではない。中古機械の法人リユースを主力にしている会社では、当然ながら新規得意先はもっともっと取りたいのだが、取引不可リストを作成し、「逆のお客様定義」をしている。建築用の金物問屋さんにも、人材派遣業の会社にも、委託給食の会社でも、「我社の主戦場とする市場」と「手を出さない市場」を明確に全社員に示している。

「取引不可を決める」、もしくは「取引の中止を決定する」というのは、思った以上に勇気が要る。営業の責任者であれば誰だって売上はほしいし、今日の状況では他の売上がどんどん上がってカバーできる保証もない。だからこそ、社長の責任においてお客様をハッキリ定義しておかなければ社員は迷うばかりである。

そう言っていたら、ごく少数だが社長から、「一倉先生はお客様第一じゃないのか！」と、クレームとも質問とも言えない問い合わせがきたことがある。先生も著書の中で、「お客様あっての会社、これが私の信条である。だから、たとえどんなお客様であろうとも、誠心誠意のサービスをするのが当たり前である。もしも、お客様が充分な代価を払ってくれなければ、サッサとそのお得意先と縁を切るべきである」と書いてある。

異常に低い粗利益、異常に長い回収サイトの得意先も問題だが、我社の社員を出入り業者と下に見て無理難題、人としての尊厳を傷つけるような言動をする担当窓口がいるのも事実である。最近では女性の営業担当も増えてきたのでセクハラ対策として、我社の「お客様の定義」とともに「取引中止の基準」を明示する必要がある。

◉戦略という言葉が独り歩きしている

「戦略」という言葉が氾濫しすぎて、結局、何のことか意味がわからなくなってしまった。

○○に戦略をつけてしまえば、なんだか難しいようなことを言って偉くなったように思っている社長が多いが、社員からすればよくわからないし、外国語をそのままカタカナにした経営用語も溢れて混乱するばかりである。

一倉先生の書籍を持っておられる社長は、「第1巻　経営戦略」（『一倉定の社長学』）の冒頭のページを再度読んでいただきたい。

孫子の兵法の「敵を見ずして敵を制するを戦略という」の語句をひいて、「自然に高収益が上がるような事業構造」をつくることとして、7つの経営課題を挙げている。

1　どんな市場、又はどんな市場の組み合わせにするか
2　どんな商品構成、どんなグレードとするか
3　どんな得意先構成とするか

4　どんな店舗展開をするか
5　どんな供給体勢（内外作区分、仕入体勢）とするか
6　未来事業の推進体勢をどうするか
7　人員構成をどうするか

を主として、必ず客観情勢への変化へ対応し続けることが基本、となっている。

一番大切なことは、私自身「自然に高収益が上がる」の「自然に」の解釈だと思っている。普通の社員が普通に仕事をすれば、「計画通りきちんと利益が出る経営の仕組み」こそが経営戦略であり、それを考え常に修正し続けることこそ社長の仕事であると思っている。

他の社長が、高収益を上げている社長に話を聞いて、「それだったら誰がやっても儲かるじゃない！」と感じるくらいにシンプルでなければならないとも思っている。中小企業にスーパーマンのような社員は入ってこないし、複雑な仕事の仕組みだと誰でもが運営できるわけではない。

多くの人が気づいたときには圧倒的なシェアを取っていて、他社の新規参入も市場規模の拡大につながるから否定はしないが、商品の質をお客様目線で磨き続け、絶対に1位の地位は死守し続ける努力を怠らない姿勢である。

創業時の「リクルート」、日本中にあるコインパークの「タイム24」も、ホテルの空室を売った「一休」も、今となっては「あって当たり前」で、なくなるとお客様が不便で困るような商品、サービス、事業を考え出し、新しい市場を創造し進化させ続けることこそ、「経営戦略だ」と説明している。

普通にやって高収益がキチンと出せるには、独自の売り物と売り方で「粗利益率と粗利益額」が設計されていて、値引きに強い競争力がなければならないことは言うまでもない。

よく「値決めは経営だ！」と言われるゆえんである。

◉中小企業であっても価格の決定権を持つことは極めて重要

価格の決定権は難しいと思っている社長は多いが、逆に「中小企業だからこそ、高価格の主導権は握りやすい」と私はいつも言っている。

卑近な例で恐縮だが、私の住まいの近所に、ドイツパンで有名な超繁盛店がある。住宅地の中に、小さな1店舗のみの経営だったが、最近、東京駅の地下1階の一角に小さな売り場ができたらしい。土日の朝は毎回行列でお店に入るまでに30分は最低かかってしまう。「パン好きの聖地」という異名があるとネットには書いてあったが、確かに種類は豊富だし美味い。

価格の決定権というと難しく考えてしまいそうだが、ここのパン屋さんのように市販のパンよりかなり値が張るし、他の専門店の値段よりもう一段高い価格設定である。お客様は価格と品質が見合っていると納得すれば購入するし、食べてみて満足すればファンになって口コミの発信源になっていく。

何度も書いているが、会社の命運を握っているのは全てお客様なのだ。

もちろん、最高の素材を使い、磨いた技術で最高の商品を作って、高い価格設定をすれば商圏内に住んでいる100人のうち1人〜2人しかお客様がいないかもしれない。でも、市内には40万人の人がいて、隣市にも50万人の人口がいるのである。

だから、繰り返しになるが、高価格の戦略は中小企業、小企業のほうが取りやすいのである。値決めの主導権を握れるし、競合も追随しづらい戦い方なのである。大手はボリュームを売らないと多くの社員の雇用を維持できないから、わかっていても手が出せないし、全部の市場をとっても金額的に知れているから手も出さないのである。

社長が考え実行するのは、価格の主導権のために、原材料から始まり、素材、設計、部品加工、組み立て、卸、販売、アフターメンテナンス、廃棄、リサイクルと、1つの商品の一生のどこをガッチリ握るか、を自分の業種、商品ごとに見極め誰よりも早く動き、競合が手を出せないように参入障壁をどうやって築くかである。

社員9名で驚くほどの高収益を上げておられ、全国にファンを数多く持っている社長がいるのだが、南米のジャングルから商材を独占的に調達している。

1つの素材の共同開発、用途開発で1000種類に及ぶ製品材料をつくり、国内シェア70％を持っている地方企業もあるし、要素技術を突き詰めて世界市場を席捲している機械メーカーもある。全国的に有名になる必要はない。その業界、その地域でなくてはならない存在になるために、どこを握り、どの技を磨き続けることが大事かは、お客様が教えてくれる。

先発業者が有利であることは事実だが、シェアの大勢が決まる前の群雄割拠の時代であれば逆転はできるし、規模の大小の戦いでなく、地元、特定地域で圧倒的に強ければナショナルブランドでさえ敗退している事例はいくらでもある。

◉高収益の事業構造をつくる「逆算の経営」

先ほど触れた「7つの条件」（137〜138ページ）を含め、社長が我社の儲かる方向性を決めたとしても一朝一夕に高収益になるわけではない。利益率で高収益を規定すれば、誰もが認めるレベルは売上高経常利益率10％からである。「超」がつく高収益とは、20％を超えていく数字を何年も続けている会社に与えられた称号である。

私がお会いした中では、エーワン精密がダントツの超高収益企業の1社だと思う。上場企業だから決算資料を見ていただければ詳しくわかるが、売上20億円前後ながら経常利益6億円、率にして30％。それも、この水準を何十年と続けておられ、自己資本比率に至っては90％を超えているのである。

中小企業と言っては大変失礼かもしれないが、まさに中小企業の鑑であり、社長であれば経営のやり方次第で、このレベルまで実現可能だと考えてほしい。そのとき、今の経常利益率から考えて3％を5％に、5％を8％にと徐々に上げていく道筋と、それとは逆に10年後に10％にしたいと社長が強く念じ、どうすれば実現できるのかをひたすら考えて、そのためにじっくり時間をかけて高収益を産み出せる条件を整えていく。この2つの「逆算の経営」のやり方が考えられる。

「違いは何か？」を考えてみると、前者は単年度の利益計画を立てる際に、前年の実績をベースに昨年対比という考え方をするのではなく、最初に社長として絶対に獲得しなければならない利益額を決め、その利益計画を達成させるために必要な粗利益、売上高を逆算する方法である。

その利益計画とは借入金の返済額からの決定や、人件費の向こう3年間の上昇を織り込んだ利益計画で、自社の生き残りを賭けた必達の利益計画でなければならない。

達成できそうな売上から経営計画を立ててしまうことは、計画ではなく単なる計算でしかない。これを一倉先生は「成りゆき経営」と断じている。事業部門長の立てた計画を合算したり、経営企画室の立てた利益計画、経営計画は言語道断であり、社長業の放棄であると強く指摘している。

◉利益率10％超えを実現させるために

10％を超える利益率を実現させるには、今ある商品を磨くだけでは追いつかない場合がほとんどである。商品コンセプトを抜本的に変え、品質と価値観を格段と高め、販売先も販売方法も変えていかないと実現できないからである。

さらに、社長の崇高な思いを理解し実行できる社員がいればラッキーだが、低利益率の商品、低価格の商品に慣れた社員には、高価値品は販売しづらいのが普通である。新たに社員を雇い、開発、試作、販売、失敗、再挑戦を繰り返すことで、社長も社員も鍛えられ、社格も高めていくには3年、5年では難しい。10年はかかる。

10年と聞いて長すぎると思った社長は、自分の年齢を考えていただきたい。今、50歳だったら、60歳のときである。40歳だったらまだ50歳であるし、60歳でも70歳にはなっているが、現在の70歳はまだ若いし、後継者が40歳前後になっているから、将来への種まきを終え収穫を次世代がやればいい。

全社改革のプロジェクトの一翼を後継者に任せることも最大の後継教育となる。さらに言えば、この10年を振り返っていただきたい。気がつけば、あっという間の10年間だったはずである。社員の時計の針の進み方と、社長の針のスピードは明らかに違うのである。

しかし、焦って現業からあがってくる資金を一気に使ってはいけないし、社運を賭けて大型投資をしてもいけない。情熱をもってコツコツと3年後、5年後のマイルストーンを設定し、我社のあるべき姿に向かって戦略条件を整えていくしかないのである。短期であろうと長期であろうと、目標を明確に決めて、それに向かって全社改革の努力をする社長の姿勢こそ正しいし、社員にとっても将来への希望が見えてくるのである。

そのために「経営計画書」の中に「長期事業構想書」を入れ、「外部の客観情勢の変化と社長のビジョンの発展によってたえず書き換えられていかなければならない」という文言を入れ、社長自身が書いては考え、外に出て自社を見つめ直し、考えては書き換えることを繰り返し、自社を高収益な体質へと作り変えていくのである。これこそが経営戦略の本質である。

販売なくして事業なし、限界生産者の末路

いつ、いかなる場合も「自らの商品は、自らの手で売らねばならない」。

これこそが、一倉先生が最も強調される販売戦略の要であり、中小企業の弱点でもある。特に技術系の社長は、今も昔も、いい製品、商品を造ることに熱心で、心のどこかで、いいものさえ造っていればお客様は買ってくれると思っている。

そして、販売は営業部長任せ、代理店任せの場合が多く、社長自ら販売に乗り出そうとはしない。ＨＰでの見積もり獲得や、Ｗｅｂ販売戦略や、マーケティングロボティクスなどの最新手法には関心があって指示はするが、直接手が出せないのが現状である。

従来の販売先である代理店や問屋は、数多くのメーカーの商品を取り扱っているので、あまり知らない商品は熱心に売ることはできないのである。自社の商品がシェアも高く、マージンも高ければ力を入れてくれるのであるが、そうでなければお客様からの指名がない限り、積極的には売り込んでくれてはいない。

流通であれば、今のバイヤーは少ない人数で多品種を扱うので商品知識も浅くなり、新商品が次から次へと投入されるため覚えきれない状況で、彼ら自身もまた苦労している。

また、工場やメーカーに販売する代理店や地場問屋の営業担当は文系出身が多く、技術的に深い知識を持っていない場合が多い。ベテランは長年の経験で何とかなるが、若手営業担当は人手不足と充分な専門知識を勉強する機会が少ない状態で最前線に投入されるので、細かい技術的な相談にはなかなか応えられないのである。

発注側も最近はネットで定番の発注をするので、新しい製品は入りづらくなっている。こういう状況のために、中小企業はより弱い立場にまわり、自社の商品を自らの手で売っていかないといつまでたってもシェアは上がっていかないのである。

実際に現場で見ていると、業界によっては大手メーカーの方が積極的に代理店を支援し、熱心に売り込みを強めているように思える。仙台の機械工具代理店A社は、地元ではトップクラスの市場地位を誇っているので、メーカーも協力的である。年に1回だが公共のスペースを2日間借りて、自社主催の展示会を開き、地元のメーカー、工場担当者、技術者を多く集めている。私が見に行ったときも、最新技術セミナーを5講座行っており、好評を博していた。

展示コーナーでは、業界でも代表的なS社とN社のブースに多くの見学者がいたが、さらにお目当てが駐車場の大型トラックだった。改装されたT社の技術展示・体験車は凄い装備だった。3社とも日本を代表する世界的メーカーだから予算も、スタッフも充実しているので当然だが、これでは中堅メーカーといえども太刀打ちできない。

しかし、駐車場の一角に、そこまでの規模ではないが、中堅企業X社の常設技術支援トラックが来ていた。ある専門分野のトップ企業だけに、業界関係者が最新の製品を触ることができ、何やら難しい質問を技術者同士で繰り返し話していた。

X社の経営者は古くからの一倉門下生でもあったので後日、展示会場で見た特装トラックのことを伺ったら、代理店の要請により直接工場にも出向いて、同行営業で現場での困りごとに対応したり、新たな開発テーマをご用命いただいたり大活躍であると言われていた。

「自ら売る」というのは、中抜きして全て直取引せよと言っている訳ではない。そうやって自社の商品を直接売り込んで、現場の責任者との人間関係を構築しておかないと、ある日突然に売上がストップするときが来るのである。

大手メーカーがもし自社の商品をマネして、同等製品をぶつけてきたらどうなるか。一部のお客様は大手に流れ、代理店の営業担当も大手からのプッシュには従うので、下位メーカーの売上が一番下がるのである。この下位メーカーこそが「限界生産者」と一倉先生が呼ぶ、小さなシェアしか持っていない企業のことである。

競合他社が参入してこなくても、これからの日本経済を考えれば、市場自体が縮小して同じ現象が起きるだろう。当然、下位企業、限界生産者から消えていく運命にある。工業製品でなくて、流通、店頭で売っている商品でも運命は同じである。

たとえば、近所にあるコンビニの棚を見ていただきたい。お菓子でも、日用雑貨でも、同じような商品が4~5アイテム並んでいる。しかし、棚の幅は決まっているのでこれ以上、陳列する商品数を増やすわけにはいかない。

ここに海外の有名ブランド品との取引をFC本部が決めて、店頭に1アイテム割り込んできたらどうなってしまうのか。売れている数量データを見て、一番少ない商品をとりあえず外し、新商品を置いてみて、海外の有名商品とはいえ売れるかどうか様子を見る。当然、メーカーは広告宣伝費を投入し、プル戦略を仕掛け、数字を作ろうとアノ手コノ手を駆使してくるので、店頭も活性化して繁盛するのである。

店舗の責任者、コンビニの社長にとっては正しい選択であるが、外された商品の会社は一気に売上を失ってしまうのである。

一倉先生曰く、「経営は戦争なんだ」。だから、仕方がないと言えばそれまでだが、限界生産者の運命は悲惨な末路が待っている。

◉市場を支配する「TOP3の法則」

では、生き残る会社になるために、社長はどうすればよいか。

先ほどのコンビニ業界であれば皆さんわかりやすいと思うが、2019（令和元）年概算によると当然1位のセブン‐イレブンが国内2万店、2位はファミリーマートで1万6000店、3位ローソン1万3000店、4位のミニストップになると2500店と、上位3社がダントツに強く全国の戦いではよほどの戦略ミスをしない限り決着はついている。

ガソリンスタンドも全国にあるが、元売りの統合で、ENEOS（JXTGグループ）と出光（出光昭和シェル）の2社で80％強のシェアを握り、3位のコスモで約10％。自動車だって、バイクだって、紳士服チェーンだって、同じように市場が飽和しつつある業界では、必ずと言っていいほど上位3社で市場を独占するようになっていくのである。

理由はわからないが、「市場には3の法則」が厳然とあることを我々は体験的に知っている。であれば、すでにこの渦中に巻き込まれている事業規模を持つ会社は、日本市場で生き残るには「その事業分野の上位3社に入る」が一番の条件であり、M&Aを含めてシェア獲得にまい進しないと経営は維持できなくなるのである。

逆に中小企業は生き残りを、シェア拡大に求めるのではなく、大手では面倒でマネできない戦術、戦い方で、限られたお客様に圧倒的に支持される会社をつくり、小規模ながら確実に利益を出す体制を築く以外に道はない。

だが、「3の法則」には社長として注意しなければならない大切な視点がもう1つある。我社の主要得意先は「3位以内に入れるか」という見方で顧客構成を考えなければならないのである。たとえ今の主力取引先が大企業で売上規模が5000億円であって、これまで20年以上の取引があっても、今後の我社の長い繁盛を保証するものではない。

さらに、大きな会社と合併してしまえば、吸収された側の取引先が不利になることは、よほどの技術的優位性や独自分野がない限り必定である。

販売戦略を考えるとき、売上依存は1社30%以下にしなければ危険だという一倉先生の指摘はもっともなことである。

しかし、そう簡単に2番目、3番目の柱になる得意先を獲得することはできないし、とにかく時間がかかる。だからこそ、社長自らが販売、新規開拓に乗り出さなければならないのである。

絶対交わることがないと思われていた大手財閥系でさえ、同じ金融グループになる時代である。彼らの目は随分以前から、世界の中で生き残れるかどうかに向いているはずだから、これまでの国内の事情にかまっていられないのだろう。

社長として楽観的な見方くらい危険なことはない。最大のリスクを見通して、大きな方向性を示すことが社長の務めである。

◉社長の持っている「成功体験」はもはや通用しない

今、多くの会社に行って社長の相談に乗る際、一番困ることは「65歳以上の社長」と「55歳以下の社長」では基本的な考え方、経営の常識と思っている価値観が違っていることである。

会長70歳、社長（息子）40〜45歳くらいの組み合わせがとにかく大変である。

インフレ期、市場拡大期を人生の前半で体験していれば、多くの人は「そのときに勝った経験」が強烈に自分の人生観、経営観を支配する。一方、息子世代は1990年バブルが崩れた後が、人生の前半戦だったわけだから、デフレ、人口減少、格差拡大社会が人生観、経営観のベースにあるので先代と考え方のOSが違っているのである。これが基本的な価値観の違いの軸である。

厄介なことにさらにもう1本、社会インフラ技術の軸が加わってくるから話は複雑になる。「アナログ世代」と「デジタル世代」が共存しているのが現在の経営層である。

2000年のITバブル後に経営者人生を歩み始めた世代だと考えている。

だとすれば50歳前後を分岐にして、アナログ、人間関係重視派とデジタル、効率優先派とでも区分すればいいのかと私は認識している。安易にレッテルを貼ることの是非はあるが、いざ経営判断となると会長、社長の信じている価値観を前面に押し出すために、先にも触れた親子対立になり、新しい販売戦略の遅れとなってシェアを落としてしまうこともある。

これまで競合として確認できた相手企業とは別に、ステルス戦闘機のようにいつの間にか眼前にあって痛打を受けるライバルが出てきている。もう存在感では世界一になったアマゾンがこんなに早く社会インフラになると思わなかったし、メルカリもペイペイも民泊もウーバーも、どう進化成長していくのか見当がつかない勢いである。

成功している社長の最大弱点は、「成功したがゆえに、お客様も設備資産も成功パターンも持っている」ということである。これを捨てる勇気は、口で言うほど簡単ではない。

だが、お客様にはそんな事情は全く関係なしに、自分にとって便利なもの、楽なこと、嬉しく、人に自慢でき、今の問題を解決してくれることを最優先に購買するだけである。

社長は現役を張っている以上、経済情勢はデフレ、キャッシュ重視の環境下で経営していることを自覚し、最新のデジタル機器に触り、実際に使ってみて、疑似であってもお客様の立場に立って「天動説の自分を戒める」ことが大事になる。

持っているモノを過度に守ろうとすると、目線、思考が自社中心になってしまい、自然と天動説になってしまう。

そして、実務の実施権限は、なるべく主たるお客様の年齢に近い社員に担当させ、外部ブレーンの客観的なアドバイスに耳を傾けなければ、お客様の共感を得られないのが今の市場環境なのである。

何事も当事者になって、身銭を切ってみないと本当のところはわからないことを、社長といえども自覚することである。

◉1位（強者）が採るべき販売施策と2位以下（弱者）の戦い方

販売は確かに自社と数多くのライバル企業との競争であり、1年間の結果は占有率（シェア）と損益計算書（ＰＬ）でハッキリと成績が出てしまう。

ライバルが目で見てわかるからこそ、競争心を燃やして頑張るのはいいが、自社とライバル各社の企業体力の差を考えずに戦いを挑めば、「弱者」はほとんどの場合、体力を消耗し負けてしまう。

誰が考えても結果は見えているのだが、負けず嫌いの社長の多くは上位企業に戦いを挑む場合が多いし、ちょっと成功し自信がつけば、すぐに「売上１００億だ、上場だ、全国展開だ」と言って規模の追求に走ってしまう。野心家の創業社長は、特にそうだ。

しかし、冷静に考えてほしい。企業の戦いでは「負けること＝赤字、倒産」となるので、本当に企業体力がつくまでは負けない戦い、強者との競争を避ける戦いをしていかなければば、資金もシェアも失ってしまうのである。

戦い方の原理原則は「孫子の兵法」以来、そんなに変わってはいないし、ランチェスター戦略やマイケル・ポーターの競争戦略も差別化と重点化が基本である。弱者は「戦う市場を自社の得意分野に絞って、差別化した方法を考え、販売する」ことである。大手（強者・1位）は、他が上手くやった方法をマネして差別化の効果をなくすミート戦略で、他社の市場・顧客を奪うことであると教えている。

ただし、販売戦略にとって競争原理や手法、システムだけで結果が決まるものではない。もう1つの重要な要素が長い目で見れば決定打となる。一倉先生が、中小企業の社長に戦い方を指南する際に特に意識していた「人間というものは、こうした物の考え方をするものである」という人間洞察力を身に付けることが、競争戦略以上に大切であるということを心に刻んでほしい。

なぜなら、企業競争とはいうものの、企業同士が直接全面対決するのではなく、1人のお客様、取引先の担当者の心のシェアを、大手だろうが中小だろうが関係なく1対1で、どちらが得るかの競争であり、お客様の立場からすれば「どちらが好きか」の判断でしかないからだ。

そして、販売こそが、繁盛の命運を握るお客様との接点であり、インターネットで物を売ろうが、対面で物を売ろうが、電話セールス、通信販売であっても、商品・サービスを媒介として「会社」と「お客様」との価値観の交換の場なのである。

中小企業の真の強みを活かす事業戦略

学者が書く経営の教科書には、「大手は組織が大きいから動きが緩慢」で「中小は小回りが利く」から変化に強いと書いてあるが、本当にそうだろうか。現場では逆だと感じる。たとえば、最近の動きの中で、インバウンド市場が大きく伸びる時点で、早くからデューティーフリーの看板を上げたのはどこだろう。いち早くキャッシュレス対応のシステムを導入したところはどこだろう。

大手は大手同士の激烈な競争があるし、スタッフも揃っている。システム導入を進めるメーカー側も、効率と波及効果を考え最初にトップ企業に狙いを定め普及を図るし、受ける企業もリスクを取れる資金もあるから、新しいことは大手がいち早く着手するのである。

もちろん、中小企業の中にも進取の気性に富み、次々に挑戦する社長もいるが決して多いとは言えない。何といってもスタッフと資金の制約があるからでもある。

特にスケールメリットが有利に働く事業は、採算分岐点に持っていくまでの時間と投資金額が大きくなるので、わかっていても手が出せないことがあるのも事実である。

◉大手に「中小企業の経営スピード」は負けている

中小企業が大手に勝って先手を打つには、社長がごく初期段階から情報収集に動くことである。日本国内はもとより海外の先進事例に触れてみることである。

日本の未来の縮図としては、アメリカもその代表であるが、ヨーロッパの国々も最先端事例としては勉強になることが多い。資本主義発祥のエリアであるし、民族的にも成熟しているし、歴史が長いだけに文化レベルが高いと個人的には思っている。

古い話だが、ガソリンスタンドのセルフ化が議論され始めたとき、ある社長は欧州の各地を回り近未来の姿を確信し、いち早くセルフ店舗のチェーン化に乗り出し今では全国展開されている。別の社長はカーシェアリングが話題にのぼり始めて、すぐ新幹線の駅前で実験店舗を開業している。結果は自社の収益水準に合いそうもないということで売却、撤退されている。

これでいいのである。

新規に始めることは全部が上手くいくはずもないし、大手だってたくさん失敗する。小さく実験するか、他社の動向をじっくり観察し、いつ参入するかのタイミングを計っておくことである。比較的限られた商圏でビジネスをやっているので、商圏内での先発企業になればシェア獲得には充分だからである。

それとともに、一倉先生はおもしろいことを言っている。「自分の性格に合わないと思ったらやめろ」と。確かに、中小企業の社長は個性派ぞろい。新事業と言えども好きなときは一生懸命やるが、次におもしろいものを見つけると、興味をなくし見向きもしなくなる癖を持っている。

ビジネスモデルが違っていて、既存事業に比べ収益性が低いと力が入らないし、幹部社員に任せても難しい面が出てくる。研究着手は早く、実際の資金投入は少額で、事業化判断は期間を決めて、大手に負けないスピード感を出すのは、社長のリーダーとしての重要責務である。

◉中堅・中小企業は事業構造的に3種類ある

これまで中小企業を一括りに論じてきたが、事業構造を高収益にするためには、少し細かく分けて考え、段階的に手を打っていかないといけない。私が所属する「日本経営合理化協会」の会長・牟田學の著書に『社長業』（産能大出版部・1999年）という大ベストセラーがある。

ご存じの社長も多いと思うが、会社には根本的に2つの事業体質がある。「受注事業」と「見込み事業」であり、自社の体質とそれぞれの長所と弱点をよく知ったうえで、社長として高収益体質をどう築くか、という他に類を見ない内容である。

大小の事業規模には関係なく、受注事業構造をさらに量産受注と単品受注に分けて高収益体質への手の打ち方を考えるとわかりやすい。業績のベースとなるのはやっぱり「売上高」であり、その中身が「売上高＝変動費＋粗利益」となっているから付加価値の高い商品、サービスが有利となるのである。

当然、売上高の中身が「売上高＝単価×数量」であることは、社長でなくても役員でも社員でも皆知っているはずだが、全社員が高収益化の実現に向かって努力しているかといえばはなはだ疑問である。

どんな事業体質であろうと単価の決め手となる「自社の売りモノである商品」を持っているかどうかである。ただし「売りモノ」が、目に見えるカタチ（完成品）になっている会社と、目では見えづらいノウハウ（技術・サービス）である会社がある。

もう1つの決め手である数量は、「売りモノ」が同一商品で大量に再生産できるか、毎回一品一品違った商品を生産しているか、ということである。この組み合わせで、見込み事業体質か、受注事業体質か、単品受注体質かが決まってしまう。

それぞれに高収益化への手の打ち方の重点が違うし、獲得できる粗利益額に応じて、固定費を低く抑えれば営業利益が出る。逆に、社長がほしい営業利益額を決めれば、使える固定費の上限も決まってしまうのである。

この金額をコントロールし、実現する仕組みを考えることが社長の仕事となるのである。

◉価格決定権、価格主導権、下請け体質

全ての事業には「売り手」と「買い手」がいて、最後の最後には消費者が、それこそ「消費」して商品は寿命が尽きてしまう。会社と会社の間でどんなに取引が活発でも、そこで生まれた商品は誰かが最終消費し、再発注、リピートするか、世界中に売りに行かない限り絶対に仕事は継続しないのである。

まず、自社の「商品、製品」が必ず消費されて「ゼロ」になっているかどうかを考えてほしい。ここで自社の事業の継続性が決まってしまう。

その次に、「需要と供給」のどちらが強いかで、需要が強ければ価格が上がるし、供給

が多すぎれば価格は下がると決まっている。それにもかかわらず、需要があるとなると同業、異業種含め市場参入してくるから価格が一気に下がり、皆が「儲からない、儲からない」と言って撤退していくのである。

事業の寿命が短くなった今日、見込み事業体質の会社がこういう事業をする際、需要の立ち上がり期に早期に参入するか、ピーク前に売却撤退するか、最後の1社2社に勝ち残るかを決める必要があるが、その決定は社長の仕事である。

それとともに、価格はどうしても世間相場に左右されるので、高単価で勝負するのはなかなか難しいし、常に次を探しておかなければ不安定になる。もう1つは誰も入ってこないそここの需要を1社でずっと耕していくことを決めて、簡単にライバルが入ってこれないように品質やコスト競争力や、技術者の育成、設備の充実を図り、長く事業を続けることも可能である。

その需要がいったい何なのか、強いのか、もういらなくなったのか、次の技術革新は何か、を見極めるために、一倉先生は「穴熊社長になるな」「社長自らお客様訪問をしろ」と言っていたのである。

さらに、社長1人では回り切れないので、営業担当者には需要の喚起とともに、「お客様に何を言われたか」を日報で提出させ、お客様の要望、困りごとの変化、情報収集を代行させているのである。

そういう目線で細かく事業を見ていると、魅力的に見えても価格の主導権が取れない事業と中小企業が価格の交渉権を取れる事業もまだまだたくさんある。それが下請け企業と世間から言われていて社名が有名でなくても、充分に価格決定権を握っている会社もある。逆に、名前は通っていて完成品を持っているが商品価値がなくなってきたために、買い叩かれて利益の出なくなった会社は数えきれないほどある。その予兆は、3年～5年スパンの粗利益率の低下傾向に出てくるから、その前に次の商品を準備するしかないのである。

受注事業で大手をお客様にしていれば、大企業の1人の担当者が持っている予算は大きくなるが、彼らは仕事を発注するが自ら汗を流して現場で仕事をすることはないし、もうできない。彼らがやらなければ困ることを、我々がキチンと仕上げれば相応の仕事量と高い単価がいただける。

だから、大手企業の協力事業をされている会社の事業定義は、「高級サラリーマンの出世支援業」だと私は考えている。冗談に聞こえるかもしれないが本気である。

また、中堅以上の見込み事業メーカー（化粧品、玩具、お菓子、家庭用品など）であっても、今、社内で全部の商品の企画開発をやっているわけではない。それだけの固定人件費をかけられないのである。

さすがに会社名は言えないが、商品企画を練りに練り、メーカーに採用される、またはメーカーから発注されると委託生産先に発注し、採用メーカーが自社ブランドで売り出し彼らも儲かるが、開発だけに特化しているから、社員数も少なく、設備も小さく済むので高収益になるのである。まさに、ウィン・ウィンの関係が生まれている。

何より、その会社の社長は企画開発が3度の飯より好きという、ちょっと変人でもあるからだ。社長として事業を選択する際に「価格の決定権」「価格交渉権が自社に取れるか」の視点で探してほしい。

◉手離れの悪い仕事と手離れの良い仕事

中小企業の長期繁栄という面から考えたら、「手離れ」という視点から仕事を選び、販売戦略を考えていただきたい。

働き方改革が始まった頃、誰もが知っている大手企業の中堅管理職教育に呼ばれ、現場を預かる社員と話す中でこんな質問が出てきた。

「会社の決まりで、17時を過ぎるとお客様の電話に出てはいけないことになりまして」

「我々は営業部門だから、どうしたらいいですか」

私もちょっと驚いたのだが、どこまで徹底しているのかと思い質問をしてみた。「携帯電話は会社の支給で、個人と2台持ち？」と質問したのである。すると、「はい、営業時間内は会社支給の携帯ですが、17時を回ると持ち出し禁止なんです」。

まあ特殊なケースかもしれないが、昨今の大手の取り組みを見ていると、今後も決して珍しくはなくなるだろう。

「持ち出し禁止になれば、個人携帯を緊急用としてお客様に伝えておくしか方法はないよね～」と納得してもらった。管理部門も現場が困ることはわかっているが、上からの命令だから仕方がないと半ばあきらめムードだった。

社歴も長く中堅社員以上で働いている人たちは、何とかお客様に迷惑をかけないようにと思っていろいろ模索するが、新入社員は最初からこの環境で育つので、「17時以降は動けません」が当たり前になる。そして、1回固定化するともう戻らない。

仕事としては手離れが良く、一見生産性が高いのかもしれないが、お客様離れも加速すると思っている。大手といえども、大手同士で仕事が完結すればいいが、地方支店の主要得意先は地元の中堅・中小企業が主であり、まとまった金額の仕事は社長、経営陣が窓口になっているので、官僚的な対応に「腹を立てる」のは普通だからである。

当然、そのお客様の受け皿は、我々中小企業である。なにも、夜も寝ないで働けなどというブラックなことを要求しているわけではない。実際に、夜に無理難題を言ってくる人はめったにいないし、常習的に言ってくる場合は、顧客リストから外して、それこそ「取引不可ブラックリスト」に入れて、全社に通知すればいい。本当に事故だとか、トラブルだとか、お客様も困って仕方なく連絡されることはあると思うが、1年に何回もないのが実際のところである。

生活関連企業で24時間対応をやっている会社もあるが、持ち回り制で当番社員が自宅で電話受けを行っている。それでも年に2〜3回は緊急故障で出動するが、地元では評判がいいので有名である。また、地方都市で自動車の車検、修理、販売をやっておられる会社も、JAFのような仕組みを地元のお客様に限定して独自の会員組織で運営している。

たまたまその会社にお邪魔していた夜、社長と晩ご飯を食べていたら、緊急の呼び出し電話が鳴った。社長が出動されるので一緒に車に乗っていったら、年配のご夫人が病院の駐車場で鍵をインロックをして困っておられた。夜も暗くなりあいにくの雨で心細かったと思うが、社長が数分もしないうちにレスキュー完了。確かに手離れは悪いが、お客様はずーっと当社のファンでいてくれる。

効率を重視することは大切だが、コストや時間ばかりに目が行き過ぎると判断を間違ってしまう。手離れの観点から見ると、通信販売は人と人が直に接しないので効率は高いが、特にインターネット型通販は顧客離脱の数値も高いのが実際のところである。

一昔前の電話オペレーターも管理者が観ていたのは、「1時間に何本電話を取ったか」であり、短い時間で処理した担当者が優秀という基準であった。

通販で業績を伸ばしているS社は、その逆をやっている。なるべく多く話をするし、世間話もOK。農産品も扱っているから、品質も少しばらつきがあるときは正直にお答えするようにしている。結局は長いお付き合いを考えたら正直に商いをするのが一番だ、と考えて随分早くから取り組んだ。手離れを悪くすることで確実にファンは増えるのである。

一倉先生の最強の販売戦略は、実は定期訪問という愚直なまでの作戦である。これも極めて効率が悪く作戦にもならないような作戦だが、一番数多く会った人と親密になるのは人間の情なので、時間を経れば最強になり他の追随を許さないのである。

比較的人事異動、転勤が少ない中小企業には取り組みやすい作戦だし、大手にとっては手を出しづらい方法である。

◉高級品市場を狙って勝つ

商品には、一定の基本的な決まりがある。単価の低いモノ、粗利の低いモノは高回転。逆に高単価、高粗利のモノは、回転が低い。

粗利益額は率と回転の掛け算であり、事業として成り立つためには固定費を賄う粗利益額が必要だからである。

まずは自社の主力事業が、どっちの商品特性を持っているか冷静に判断していただきたい。「低単価×低回転」の組み合わせは商品としても事業としても成り立たない。もし1部門でもあったら撤退も含めないと命取りになってしまう。

ごくまれに、「創業以来の商品だから」とか「父の夢だったんです」など、情に訴えられるのだが、低回転ということは動いていない商品だから値上げするか、別会社方式にしてでも本体から切り離したほうがいい。口には出さないが社員からすれば、「あの部門が赤字だから」「あれが許されるんだったら、こっちにガンガン言わないでよ」と思っている。

赤字部門の社員たちも儲けたいと思っているし、皆にどう思われているかは知っている。「全社で黒字だから」「皆で支え合って」は、社長の理屈であり、決断を先送りにしている言い訳だとしか思えない。

商品が高回転の場合は、中小企業にとって不利になることが多いから要注意である。

高回転ということは売れていることである。販売する商品の数が多いので良いことのように思えるが、工場でも物流現場でも、働いている社員からすれば、1個500円の商品も1個5万円の商品も「手間的には1個は1個」である。数が多いということは社員数、手間数、作業時間が長くなるから、コスト増の最大要因になるのである。

自動化、無人化が進めば、当初は設備投資がかかるが償却が終われば高収益に体質転換できる可能性が出てくる。社長として、ここを目指すとともに、同じ手間を掛けるなら、1円でも1％でも粗利益の多く取れる商品に改良するか、新商品を投入すれば相乗効果が出やすくなって高収益型になってくる。

あるとき、農業法人を営んでいる青年経営者と話をしていて、「小松菜」の話を教えてもらったことがある。畑では通年栽培で7回収穫できる、ということで「7回転なんですよ」と笑顔で話されていた。まず回転という概念で話されたのにビックリするとともに、「価格の安定性」を強調されたので2度ビックリ。ほぼ計画通りの売上、粗利額に合わせて経営をしていくことができるのである。野菜にとって相場の上下が一番の難敵であるからだ。

その彼に、「回転50の事業者さんがいらっしゃるよ」と教えてあげた。水耕栽培でスプラウトやアルファルファのように発芽させて食材を生産すると、1週間で出荷となるそうで、1年52週だから50回転。季節変動はないし、農業につきものの連作障害もない。坪効率からすれば、50回転は魅力的である。

スーパーの売り場で見ればわかるが単価は安いので、それだけの商品を作り続ける人件費が問題となるが、コンピューター制御の自動管理体制が完成していて極端に人がいない。まるでゴルフ場の中に食品工場があるような景色で、衛生面、安全面もスーパーのバイヤーさんたちが見れば納得だと感心したことがある。

後は高級スーパーで販売するか、ディスカウント型のスーパーか、業務用に卸すかによって粗利益率は当然に変わるし、流行の食材も徐々に変化してくる。同じ食品で、豆腐を250円で製造販売している社長は、大豆自体をハイブリッドではなく固定種で契約農家さんに作ってもらい、高級ざる豆腐を販売し大人気である。

商品の高級化を図ると、特に原材料の調達に制約を受けるので高回転は難しいが、普通の豆腐とは、食感も風味も全然違っていて車で遠くから買いに来てくれている。

コモディティーと呼ばれる商品も高級化することに集中すれば、中小企業でも知る人ぞ知る地域ブランドになり、商圏は拡大し充分事業になるのである。

◉中小企業だからできる高級品戦略

高級品はもともと高回転にはならないが、ヨーロッパの高級ブランド、外車のブランド育成などは見事である。頂点にある商品よりさらに高級な商品群を投入することで、イメージを上に上に持っていくと、ごく1部の上顧客は我先にと手に入れようとする。限定商品、世界100本限定だとか、シリアルナンバー付きなどに弱い。

メルセデスの上位車種にマイバッハが投入され、凄い価格で売られている。トヨタでは国内の最上級セダン「クラウン」の上位に、「レクサス」があり社用車を含め人気を博している。

これを二等辺三角形の図でよく説明しているが、三角形の面積を売上と考える。

売上を伸ばす方法は、頂点を上に伸ばすか、底辺の長さを伸ばすかの2通りが考えられる。底辺を伸ばすには、同一ブランドの商品群を広げるか、ライセンス契約でロイヤリティ収入を得るか、になるが広げ過ぎるとブランド価値が一気に下がり2流扱いになってしまう。だから、まず上に伸ばしてブランドを尖がらせて徐々に底辺を伸ばすしかない。

あとは、世界中の富裕層に向けて市場をゆっくり広げることである。

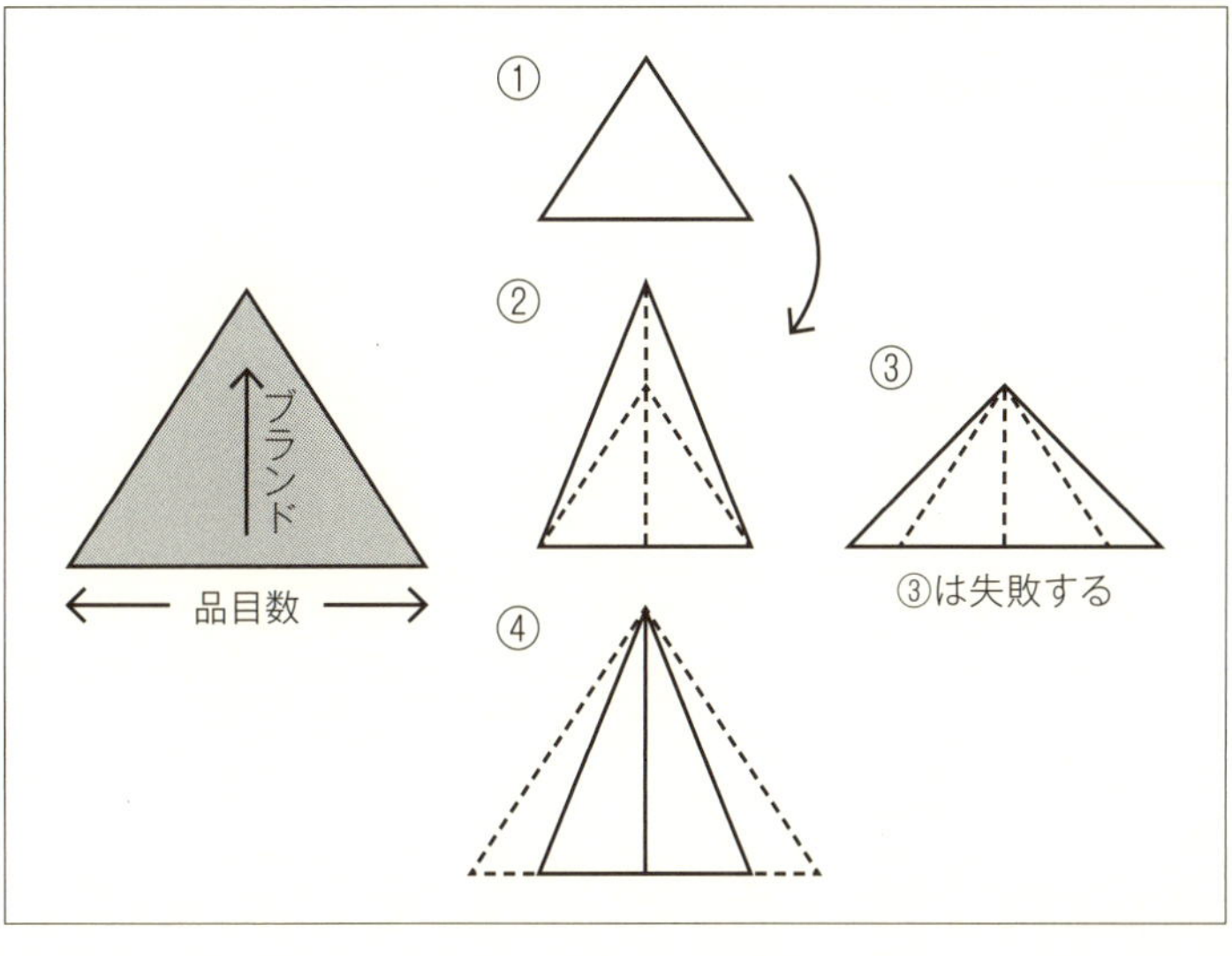

中小企業でも考えることは同じであるが、高価格にしてもお客様が納得の商品ができるかどうかである。地方の造り酒屋の当主が、それはいいことを聞いたとのことで、「古酒」を限定100本発売されたことがある。古酒になるとアメ色に少しなって、見てすぐわかるし、量がないから限定も納得できるし、パッケージも高級洋酒に近いデザインにされ富裕層向けに10万円の値付けであった。

結果は完売、それも99本が東京のお客様であり、地元のお客様はお1人。ただし、高級外車に乗ってわざわざ買いに来られたのである。地元の新聞等では写真入りで紹介されるなど話題にもなるのは当然である。

凄い職人さんがいらっしゃる、原材料が限られていて少量しかできない、1日1組限定、世界最先端の機械を持っている、最小極小、最軽量などお客様が求められるテーマによって企画テーマは出てくるが、一流、超一流を維持する努力を怠ってはいけない。

高単価、高付加価値を生み出すには、最終的に「職人さんに代表される人」か「最高スペックの機械」を持つか、その両方を持つしか方法はない。いずれも長期の投資を考えて実行しなければいけないのである。

ただし、高級品市場を狙うとき、もう1つやらなければいけないことがある。高級品、高額品を買い求められるお客様は、目が肥えているのが当たり前だから、商品、製法、素材のことなど深くて広い知識が求められる。

メルセデスを中心にこれまで1400台以上の高級外車を売っておられるH氏は、もう車は売っていません、事業経営者、個人事業主に節税アドバイスを売っていますとまで言い切って、現在も毎月4台の高級車を販売しておられる。

H氏に聞くと、立ち居振る舞いや、しぐさ、一般常識や政治経済、時事の話題など人格的にも磨いておかなければならないし、お客様の趣味まで勉強し、容姿、スタイルまで求められる。個人のお客様の場合、奥様にNOを言われたら売れないからである。社長にはできても、自社の担当営業を育成しないと事業の広がりが出なくなる。

育成には時間も費用も要するが、先行して体制が整うとライバルにとっては強力な参入障壁にもなるので、この理由からも中小企業が狙うべき有利な市場だと思っている。

◉全国展開企業の本部が動けないうちにシェアを取る

高級外車も高額だが、住宅は多くの人にとっては生涯最高の買い物の1つである。

お客様にとって住宅購入の選択基準は、何といっても会社自体の信用、信頼性ではないだろうか。建売は価格優先の場合も多いが、注文住宅となると全国展開の有名ハウスメーカーと地元の住宅メーカーを比べ、友人知人からの評判を聞きながら予算と相談し契約を進めていく。

ブランド力と知名度という点では太刀打ちできないが、大手に売り勝っている中堅・中小メーカーは、大手とは違う独自の販売戦略を駆使し業績を伸ばしている。高価格帯の全国展開のハウスメーカーはこれまで、各地の住宅展示場に大型のモデルハウスを建て、TVコマーシャル、新聞折り込みチラシで集客し、成約を得るというビジネスモデルが確立していた。

地元のハウスメーカーは大規模な住宅展示場だと競合は多いし、常に大手5社以上と比較競争されてしまう。先に紹介したランチェスター戦略だと1位企業の戦い「総力戦の戦い方」であり、弱者は圧倒的に不利になってしまう。そして、数年に1回、大型のモデルハウスを建て直すコストは、地元企業にとっては負担が大きすぎるし、最新デザインを更新していくことも大変である。

そこで、自社の本社近くか、幹線道路沿いに2〜3棟の専用展示場を立て、内部の柱、構造を見られるようにしたり、断熱工法の展示を充実させて、自社の強み、特徴をわかりやすく見せ、地元の気候環境に最適な住まいであることをアピールしている。

1部仕様を変更できるオプション住設のコーナーを設け、素材の違った比較展示をしたり、お客様が聞きたいこと、納得したいことを細かく表示している。今のお客様は事前にインターネットで調べ、かなり候補先を絞り込んでモデルハウスを見に来られる。大型の総合住宅展示場の魅力自体が低下しているが、全国展開の大手メーカーはすぐにでも各地の支店、営業所の近くに自社展示場を設けるわけにはいかない。

これまで有利に働いていた資産が足かせになりつつあり、展示場にかかるコストを販売価格に還元できる地元企業は価格面も有利に戦えるようになっている。それとともに広告の主力であるチラシ、オープンハウスイベント等も、地元企業ならではの独自企画や手づくり感満載の内容で集客に頑張っている。

あるとき、大手企業の担当者が地元で評判の集客チラシを本社の企画部に送って「こんな企画を立ててほしい」と直訴したことがあった。ちょっと、こちらも慌てたが予想外の結果に終わったので安堵した。

本部からの回答は、「こんなことは、ウチではできない。もっと豪華に、我社の強みを前面に出して……」となり、いつも通りの大型で、フルカラーで、現実には建てきれないような大規模住宅の写真を載せたチラシを折り込んできたのである。

本社からは地域地域の細かいニーズも見えないし、細かく対応できる組織体制にもなっていない。過去の成功パターンが上層部にも染みついているから、販売方針も簡単には変更できないし、支店にいる社員はほとんど営業、工務関係者ばかりで、いい独自企画も立てられないのが現状である。

市場の構造、お客様の購買パターンが変わったことを、彼らがわかっていても動けないうちに、地元メーカーは評判と実績を積み上げていって小さくてもその地域一番を取ることである。

なにも住宅事業だけではない。

先日、国内最大手の飲料メーカーの副社長を歴任された方にお話を伺う機会があったが、大手の販売体制では、そこまで手がまわらないという。支店長が勝手なこともできないし、自発的にやらないと支店の現地採用の社員も乗ってこないから難しいんだ、とおっしゃっていた。

小さな日本とはいえ、全国一律の販売戦略で勝てるほど日本の消費者はもう単純ではないし、すでにあらゆる生活必需品は飽和している。多様化しているお客様の需要を救い上げ、事業に反映させる力は地元中小企業が圧倒的に有利なのである。

◉「大手支店長」対「地元社長」の戦い

一倉先生の教えの中に、「社長は社長業に徹しろ」「名誉職を辞めないと指導もしない！」と言うものがあり、「どうしても名誉職をやりたいなら、社長を辞めてからにしろ」ということまで社長に迫っていた。ボロ会社の社長ほど名誉職をやりたがる。

ＪＣ（日本青年会議所）も嫌いだったし、倫理的な教えを普及させるのに一生懸命になって、会社が傾いて、何の倫理だということも言っていた。「他人のことよりまず社員を幸せにしろ」という真っ当な意見である。

中小企業の場合はその通りであるが、地元の同業トップ企業になったり、大手企業と競争になり始めると、名誉職ではなくて経営戦略上、公職を引き受けることも重要な仕事となってくる。

北海道の社長に極めて巧みな方がいらっしゃる。会社の年商規模は50億円だから、立派な中堅企業だが、とにかくいろんな公職を引き受けていて、いつ仕事をしているのかわからないほどである。あるとき、社長に、ちょっと心配になって、「大丈夫？」と聞いたことがある。競合大手は札幌には必ず支店、営業所を開設しているし、札幌駅周辺から大通公園にかけての一等地にオフィスを構えて強敵に思えたからである。

社長はニヤッと笑って「全然大丈夫だよ、支店長は長くても5年で帰るし」。続けて「ほとんどの支店長は、早く本社に戻りたいと思って東京を見て仕事してるから」とも話した。地元経済は地銀、地場産業のボスも含めて、地縁で成り立っていることは、社長の皆さんはよくご存じだと思う。そこに大手のやり手の支店長は食い込んでくるが、そんな支店長は多くはいないし、やり手は出世が早いので本社役員レースに戻らないといけない。

地元の社長が本気になって地元の経済界にも、自社の業界にも働きかけると、自ずと人脈は広がり地域の主要取引先の社長同士の人脈も太くなる。そうすると、地元有力企業へ大手の入り込むスキは小さくなる。もうないかもしれないが、沖縄に毎年通っていたときに、地元で接待してくれた社長が「東京組の支店長の通うお店と、地元の社長がひいきにする店は違っていてね」と飲み方の違いまで指南していただいたことがある。

公職とともに、宴席、ゴルフ、地元の商工会、財界活動は中堅企業にとっては大切な経営活動、販売活動になってくる。社長が有名になる、会社が有名になることは、今後の事業戦略にとって有利になるし社員にとっても嬉しいものである。

そのためには、社長が留守がちになり、社内をキチンとまとめてくれるナンバー2の育成や、幹部の教育が何より大事になるが、本来の目的を忘れ、間違っても社長が勲章を狙いにいかないことである。

◉20年後の人脈形成を目指して、今、定期訪問を繰り返す

「定期訪問が最強」と言ってもにわかに信じられないと思う社長も多いと思うが、一倉教の社長ならばその凄さを良く知っている。後継社長に引き継ぎ20年〜30年経ちながら、定

期訪問を今でも営業戦略の中心に据えている会社もあるほどだ。

特にお客様が大手企業の場合、その効果は計り知れない。お客様への定期訪問はそんなに難しくないし、誰でもできる戦術のはずだが、競合も含め同じような方法で攻めてくる会社がいないのは不思議である。

先生の販売に関する方法は、弱者の戦い方が基本であるため、「小さい我社が競合に伍して勝ち抜くためには、競合の2倍の訪問回数をする」と徹底させるのである。少ない営業マンで数多く訪問することは物理的に無理があるから、まずやることは得意先のABC分析を行い、売上の80％を占める得意先をAランクにし、その中でも特に重要な上位企業もしくは可能性の大きな企業をSランクにして訪問回数を決め、後は実行するのみである。

最重要先への訪問回数「1日3回、朝・昼・夕方」という会社があり、1回の訪問時間5分ルールも決めていた。営業マン教育にも熱心で徹底したお客様第一主義を貫き、今では売上1000億を超えるほどの成長を遂げている。また、ライバルの訪問回数を調べて、「必ず3倍訪問」を経営計画書に盛り込んでいる会社もあるほどだ。

これができる一倉式の優秀営業マンは、「社交性に欠け、口が重く、そして真面目で根気強い社員」であり、普通の社長が期待する営業マン像と逆である。さらに、社長の定期訪問は営業マンの1回の訪問の100倍の効果があるとし、社長自らが重要得意先を定期訪問するので、実際のところは「やらざるを得ない」状況であることも事実である。

10年、20年と続けていくうちに、我々はあまり人事異動もないが、大手企業の担当窓口は数年に1回代わっていくくし、かつての担当者が上司となって部署の責任者で戻ってくることもある。また、他部門の担当となって、我々に声を掛けてくれることも本当に多い。

大きな会社、工場では、部門や工場棟が1つ違うと全く別会社のようなもので、口座があるといっても新規先と変わらないし、お百度を踏んでも新規の取引はなかなか難しいのが現状である。だから、かつての担当者が声を掛けてくれるのは、何よりの助けとなり業績も時間が経つにつれて伸び始める。継続力は最大の武器となるのである。

それがわかっていて、なぜ多くの会社が定期訪問をしないのか。1つには経営計画書で明確に営業方針を示しておらず、販売目標の数字だけの計画を立てているからである。社長自らが主要得意先の定期訪問をしていなくて、営業にやれやれと言っているだけだからである。

ある社長は訪問活動を確実に実行させ、自らも実施するためにスケジュールを組み込み、置き名刺（不在者のお席に置くメモ付き名刺）を通常の名刺とは別に作り、複数のパイプを作るために、役員にも使わせている。

窓口の担当者も大手とはいえサラリーマンである。中小企業であっても、社長の名刺には一目置いてくれるのも事実である。そうして20年近く経つと、かつて30歳前後であった担当者が本社内で部長になり、取締役に出世していく。かつては近所の焼き鳥屋で一緒にビールを飲んでいた仲間が出世して、本社役員であるから、こちらからも訪問しやすくなるし声も掛けてくれる。

今は昔のように銀座で一杯も少なくなったが、昼食や雑談で何気ない情報交換でも人脈維持には充分効果的である。特に本社東京、地方にある工場勤務時代からの人間関係は、長い時間をかけての間柄だから簡単に崩れるものではない。それに、本社の役員になったからといって、仕事の便宜を図ってもらうこともないし、お願いもしない。

しかし、長い仕事関係の中で、ピンチに陥りそうなときに助言をいただきに行くことがあるというのも、先輩社長が多く経験している事実である。

親子孫三代で社長をやっておられる80年企業の現社長は、大手社内で出世する人物は30歳前後でだいたいわかるようになってきた、と話してくれた。彼自身、若いうちは主力得意先の担当として定期訪問に明け暮れていた。出世してからどんなにゴルフに行っても人脈にはならない。ただ知っているというだけだ。

受注事業の命運はお客様が握っている。だからこそ、超長期の対策が実行できるオーナー型の中小企業が圧倒的に有利に戦える。20年後の「本物の人脈づくり」は、毎日の定期訪問から始まるのである。

◉人と最新設備の継続投資で圧倒的競争力をつける

損益計算書（PL）では確かに高収益だが、それだけでは実態がわからないことがある。高収益企業には「良い高収益」と「2つのタイプの悪い高収益」があるので、社長として冷徹に自社診断をしておいていただきたい。

全国各地にある一倉社長会のメンバーの会社で、結婚式場をもっている方が岐阜県にいる。地元では凄く評判が良いので、社長に秘訣を教えていただいたことがある。

「やることは簡単だよ。ただし、お金は大変だけどね」

なんだか、なぞかけみたいな話だが、聞いてみると納得である。式場、パーティーホールを3つ備えており繁盛しているのだが、1つの会場は3～4年に1回、リニューアルし続けることが大切だとのことである。3会場を持っていても半年くらいは、1会場が改装中なのである。

「花嫁さん、ご両親からすれば新しい式場、会場がいいに決まっている」

「それと会場の設備も映像機器も最新機種が次々と出てくるからね」

さらに、「競合店に後れを取らないようにするために改装投資をするから、なかなかお金は貯まらないね」と明るく笑っておられた。これができるかどうかで、競争力と高収益が両立できるのである。

逆の悪いパターンは、年配社長で後継者がまだ決まっていない会社に圧倒的に多い。設備投資をしなければ、償却済みの機械や設備で稼ぐから、利益がキチンと積み上がっていく。減価償却費がないから価格の競争力が出るのだが、将来のない経営になっている。工場や設備、施設を見ればすぐにわかる。「そんなバカな」と思われるかもしれないが、この例は思った以上に多いのが実感である。

もう1つの悪い高収益企業は、社内の人口ピラミッドを作っていただくと納得しやすいかもしれない。

縦軸に年齢を入れて（2歳刻みで）右側に男性社員の人数、左側に女性社員人数をカウントして人数の棒グラフを総務の人に作ってもらえば簡単にできる。

国の人口ピラミッドと同じで、一番いい形は三角形だが、中小企業はいびつな形が多い。20代が少なくて、30代から40代がポコンと多いと、会社は儲かる時期に入ってくる。一番の働き盛りの30代、40代が頑張っているし、言い方は失礼だが、まだ稼げない若手が少ないと教える時間も取られないので効率はいいのである。

だがこれは近い将来に不安が残る悪い高収益パターンだと思っている。1つには、この年代の塊がそのまま年をとっていったとき、若手が少なく頭が重い組織になって若返りに苦しむことが容易に想像できる。

もう1つは、自分が育てる若手がいないことによるリスクである。どういう意味かというと、部下を本気で育てることによって、結局は自分自身が成長する機会をなくしているのである。人手不足は人材派遣会社にお願いをして何とか凌げても、いい人が来なければ電話を入れて交代要員を探してもらうだけで、自分たちで何とかしようという努力は、自分の部下を育てる努力に比べればどうしても力が入らない。

次の主力社員グループを育てていくことが長い成長繁栄につながるのである。高収益の事業体制を続けるためには、設備とともに社員への再投資を繰り返し続けないと競争力は維持できない。利益の1部を削ってでも投資に回さないといけないのだが、高い利益が出始めるとその水準を維持したくなるし、本来の会社の競争力とは関係のないものにお金を使うこともよくある。

利益が出て完全無借金になったのはいいが、気持ち的に守りに入ってしまった三代目社長もいる。長年、借金に苦しめられていたのも知っているから、厳しくしたくはないが、ここで再投資に踏み切らないと数年後から競争力をなくすことは目に見えている。

競争力の源泉は「社員」と「設備」であり、粗付加価値は「社員」と「設備」からしか産み出せない。ただし、投資の時間軸が違うし、自社の置かれている状況によってどっちを優先させなければいけないか、も自ずと見えてくる。

先の人口ピラミッドを作ってもらった会社では、すぐに社長の了解を取って、総務が先頭に立ってこれまでやってこなかった大学回りをはじめ、新卒採用に動いてもらった。初年度は、正直あまりいい成績ではなかったが、2年、3年と継続するうちに学生の応募者数も増えて、採用面接のノウハウも向上し定期採用ができるようになってきたのである。若い社員が増えると、組織自体に活気が出るのは皆さんも体感済みだと思うし、会社であればオフィス投資も、最新のコンピューターも、工場の最新マシンもこれから戦う武器である。

社員は10年、20年のスパンで考えて手を打たねばならないし、機械設備、情報投資は5年、10年の償却を考えながら投資をし続けなければいけない。休むことは一時的にキャッシュリッチになるが、次代を見据えていない戦略なき繁栄と言わざるを得ない。

第6章

「資金」こそ事業の命

～長期目標バランスシート経営～

一番大切な資金運用とは何か?

社長が「お金の問題」から解放されるために、「会社のお金」については社内の誰よりも執着し、詳しくなければばならない。なぜなら、どんなに豪胆な社長であっても、会社の資金繰りが詰まってくると夜寝られなくなり、昼間も資金調達のことしか頭になく、本来の社長業に一切身が入らなくなる姿を幾人も見てきたからである。

一倉先生は若い時期に働いた会社が倒産し、倒産がいかに多くの人々を苦しめるかを実際に味わった経験から、「会社を絶対に倒産させないために、資金の重要性を誰よりも訴えてきた」コンサルタントである。それほどに「資金」の問題は、会社と社長、さらには全社員、取引先を含めると甚大な影響を及ぼす重要事である。

しかしながら、勉強会に出席される社長も、コンサルティング先の社長も、売上と利益と税金には並々ならぬ関心を示すものの、肝心の資金に関してはほとんどの社長が正しい知識を持ち合わせていないと、一倉先生は憂えておられた。

原因の1つは、社長の勉強不足より、学者や税理士の説く会計制度、税務会計や原価計算制度が経営の実務とはかけ離れた机上の理屈であり害毒にしかならないと、間違った経営学に警鐘を鳴らし続けてもおられた。事実、その当時はキャッシュフロー計算書もなければ、キャッシュフロー経営の考え方や書籍もほとんどない状態であった。

ただし、社長自身も細かい数字は苦手な人が多く、「経理にお任せ」で、豪快に売上を伸ばし、お金を儲け、豪快にお金を使う社長こそが立派な社長であるような風潮もあった。一時代を築き名経営者と謳われた社長も、資金運用の失敗で全ての事業を手放すことになってしまったこともある。

売上を積極的に伸ばせば、売掛金、在庫と買掛金に代表される運転資金が徐々に膨らんでいき、店舗や工場などの設備投資を追加し続けなければならないため、銀行からの借入金が雪だるまのように大きくなっていくのである。

銀行も会社が成長しているときは短期も長期借入金も融資に応じてくれるが、成長が止まったり、景気循環の影響を受け赤字になったりすると、手のひらを返したように融資態度が変わっていくものだ。

銀行が悪いわけではない。

社長が運転資金と固定資金という事業を安全確実に経営するうえで必ず押さえておかなければならない「資金運用の原理原則」を知っていないからである。それは経理部長、財務部長の仕事ではないか、と反論する社長がいるが、その考え方自体が間違っている。

財務に強い経理部長であれば資金運用のことはわかっていて、社長が無謀な工場建設や設備投資、急激な店舗出店をしようと言い出すと、計画自体を止めにかかるのが普通である。金が足りない、返済が苦しくなる、計画を縮小すべきだ、と資金面から反論をするが、何人の社長が「そうだな」といって計画を見直すだろうか。

ほとんどの場合、「この計画は絶対上手くいく」「金を借りてくるのが部長の仕事だろう」「そんな消極的なことでどうする」と一喝し、強引に実行する社長ばかりである。

だからこそ一倉先生は、勉強会でも経営計画の作成合宿でも多くの時間を使い、実際に決算書の数字を用いて社長に電卓、ソロバンを入れさせ1年間の資金の動きを計算させて、1年後の目標貸借対照表（目標バランスシート）ができるように繰り返し繰り返し教えていたのである。

現在は超低金利だから、借金が増えても大丈夫だという甘い認識があるだろうが、当時は5%、6%の金利は当たり前の時代であり、借金が年商の半分以上を超えて一生借入金の返済のためだけに働かなければならない社長もおられた。そのときの借金が今でもバランスシートを傷めていて、今日に至るまで営業利益の半分以上を金利支払いに充てている後継社長が実際におられることも知っている。

日々の売買に関する運転資金のコントロールとともに、設備投資、不動産投資、固定資

産投資と税金支払い、借入金返済に代表される固定資金の動かし方こそ、社長にとってのもう一方の事業経営の要なのである。

◉損益計算書（PL）はわかるが、貸借対照表（BS）を見ない社長

月次の試算表が社長の手元に届いたときに、最初にどこを見ているだろうか。

多くの社長は、まず何といっても「売上高」を見て、次に「営業利益」か「経常利益」を見て、昨年対比で増えているか、減ってはいないかを確認して、一喜一憂する場合が多いのではないだろうか。

損益計算書は上からの引き算の表であり、一見するとすぐわかるほど簡単なのである。確かに売上高は大事であるし、赤字でないことが一番大切に思えるが、今月来月にまとまった資金が出ていくのに、現金が足りるかどうかがもっと重要なのである。ボーナス、納税資金、社債や借入金の返済などが重なると、手元の現預金は一気に減ってしまう。もちろん、経理部で月次の資金繰り表を作っているだろうから、普通の会社では部長から「社長、お金が〇〇くらい、足りなくなりそうです」という報告は上がってくるが、中小企業では銀行に対しては社長が動かないと話にならない。

試算表の順番は上から貸借対照表（バランスシート、BS）があって、その次に損益計

算書（ＰＬ）があるにもかかわらず、１枚目を見ないで２枚目を見にいってしまう。

月次の試算表だけでなく、期末の決算書も同じである。

最初に出てくるバランスシートは眺めるだけで複雑でよくわからないし、損益計算書を見て、最後に税金が多いと文句を言ったりする。日頃、利益を見ているはずなのに、税金の概算は第３四半期あたりで見当がつくにもかかわらず、直前になって無理な節税を実施しようとするし、実際に相談も多い。

ただ、どんなに利益が出ていても、それだけ現金が会社に貯まっているわけではない。実際に使えるのは、バランスシートにある現預金残高だけであって、利益と現金が違うこと自体わかっていない社長さえいる。

私からすれば最初は不思議でしょうがなかったし、「このままじゃヤバイ」と思っていたが、経営数字や試算表がキチンと読めなくても平気な社長がたくさんいることもわかった。

◉創業者はカン（勘）ピューターで資金を読むが、二代目は無理

創業者であれば、今日に至るまで２度や３度の経営危機を乗り越えているし、お金の苦労は人の何倍も体験済みであり、手元の現預金残高も常に頭に入っている。

新たな投資や利益計画、３年から５年くらい先の返済額を、ブツブツ言いながら暗算で

計算して、大丈夫だとか、ちょっと足りないとか、全然余裕とか判断するのである。

とにかく、利回り計算が早いし正確である。ただし、部下に説明したりするのは上手ではない。まさに、カン（勘）ピューターで、独特の考え方だから、表にしたりするのが苦手である。加えて、自分がわかっていることを人がわからないとイライラするのは、気が短い創業社長の特徴でもある。

長年の経験の凄さであり、エクセルで社員が作成した数表の間違いを最初に指摘するのも創業社長の特技である。後継社長は、この点はかなわない。私自身が、よく勉強会などで意地悪な質問を後継社長に、講座のはじめに投げかけるのでよくわかる。

どんな質問かというと「先月末時点での、現預金残高と有利子負債合計はおよそいくらくらい？」と聞いてみる。百万円単位でいいので答えられる人は10人に1人か、良くて2人くらいである。あと手帳に毎月の数字を記入している社長が1人くらいいる。これは立派である。

もちろん、パソコンにデータは入っていると思うが、資金の重要性に意識がいっていれば自分の会社の数字は記憶していてほしいのである。

さらにもう1つ、「じゃあ、今期の減価償却費はいくらくらい？」と聞いて答えられる後継社長は相当に勉強している。この数字が頭に入っていると、過大投資で大きく失敗することはない。新規事業や固定資産投資をして、万が一うまくいかなくても会社が危機に瀕することもないのである。

創業社長は大胆に見えるが、心の内は極めて慎重であるのに対し、後継社長は最初から大きなお金を使って、大きな成功を狙う傾向が強いように思える。経験不足の後継者はキチンと勉強し、数字の読み方、お金の使い方を身に付ければいいだけである。

最初であれば、先輩格のベテランにわからないから教えてと言えば、誰だって丁寧に教えてくれるし、後継社長が外部の専門家の勉強をしていれば、自社内の幹部の実力もよくわかるのである。

後継社長は一生懸命勉強し、原理原則を身に付ければ、経験不足という弱点を、これからの実践体験の中ですぐに克服できるのである。

◉一倉教信者のバランスシートの特徴はここに出る

一倉先生の指導の重要事項に、「支払手形ゼロ」というのがある。絶対に会社を潰さないという考えが中軸であるから、「支払手形を切っていなければ、不渡り、銀行取引停止もないから倒産もない」という論法である。

だから、何年もかけて支払手形を、1部を現金、残りを支払手形にしたり、金額の小さいものから徐々に現金支払いに切り替えたりして、多くの社長は手形ゼロに挑戦しておられた。もう亡くなられたが、H社長はメインのお客様が超大手企業だったので安全ではあるが、受取手形が増える一方で、仕手を切らない努力をしているので現金が減っていく。

このことに2年くらい悩んで悩んで、意を決し得意先に手形取引から現金支払いへのお願いに出向いた。すると、担当部長が軽く「いいよ」と一言。我々からすれば、一番のＶＩＰ顧客であり金額も大きいのであるが、超大手の支払い金額からすればほんのわずかであり、グローバル化が進み始めたこともあって「手形取引」自体を考え直し始めるときであった。

Ｈ社長は後日、「あんなに悩んだのに」と笑って話してくれたが、会社を倒産危機から守るために中小企業の皆さんは中小企業なりに必死の取り組みをされていたのである。その結果、流動比率（流動資産／流動負債％）２００％、３００％と高かったり、受取手形の残高はいっぱいあるが、支払手形が極端に少ない状態の会社などバランスの取れていない状態もあった。

手形で集金して現金で払うわけだから現金が減って当然であり、借入金でつないでいきつつ、徐々にではあるが内部留保を増やし、倒産リスクを軽減していく努力をしていた。また、現預金は潤沢にあるが、短期借入金もいっぱいある状態で金利を相当払っている社長もけっこういた記憶がある。

今と違って、銀行も強い立場だったし、こちらから銀行にいろいろ要求できる財務状態ではなかったので仕方がなかったのかもしれない。だから今でも、流動比率が高い、現金比率が高い、それも異常なくらい高い貸借対照表（BS）を診ると、「お父さんは一倉先生の勉強していました？」と聞くことがあるし、「はい、確かに名前はよく聞かされました」と答えられる後継社長も多い。

しかし、経営環境も銀行の姿勢も変わったのだから、無駄な金利を払わなければいいのにと思ってしまうが、長年の習慣というのは怖いものである。

後継社長がいろいろ勉強し、経理部長や番頭格の専務、常務に相談すると、「銀行には言えない」「次の協力、融資のときに断られるのではないか」「以前に比べれば金利も下がっているのでたいした金額ではないから」など、現状維持派の意見が多く、先代からのBSのクセがそのままになっている会社が多いのである。

◉自分の手で電卓を叩いてみないとBSは体に入らない

今、私も手伝っている「長期計画」合宿ゼミ（講師・佐藤肇先生）の参加企業にも、先代の時代から勉強されている会社の後継社長がいる。

伺うと「『絶対に手形は切るな』が会社のルールで」と話されて、現預金は相当な金額が積み上がっているにもかかわらず、長期借入金もしっかり残っているBSを持っている。

皆さん問題点はつかんでいるのだが、どうすれば強いバランスシートを作れるのかに確信が持てないのが現状だと思う。売上利益計画（損益計算書）は、社長が相当の意思を込めて作ることができるし、3年先でも5年先でも作成することは可能である。

ただし、その計画が達成できたとしても、期末のバランスシートが実際にどのように変わっていくのかまでは予測できない。他人から「現金があるんだから、借入金を返せばいいんだ」と助言を受けたり、社長自身が思ってみても、数字の裏付けがキチンと取れない限り行動には移せない。会社の安全性を考えれば当然だと思う。

だから、長期計画の合宿では、たとえば35億円の売上、経常利益1億5０００万円の今期の数字を来期目標として、売上37億円、経常1億7０００万円にするために、設備投資はどうするか、社員数は、販管費の予算は、借入金の増減は、在庫の増減は、税金等を過去の実績を基にシミュレーションし、1つひとつ電卓で数字を入れながら、運転資金も固定資金も計算し、期末のバランスシートを手づくりで作成していくのである。

参加された社長から必ず「長期計画のエクセルはないの？」という質問も毎回いただいているが、答えは想像通り「あっても出さない」である。損益計算書は読み方を教わればすぐにわかるが、貸借対照表は経営分析のやり方を教わって、数字の良し悪しが判断できたとしても、社長としてどこに手を打てば、数字がどうなるかが、さっぱりわからないのである。

創業社長は苦労の連続の中で身に付けた知恵が、日々の経営判断に活きているが、後継社長がエクセルを使って数表を何枚も作ってみても「資金移動というブラックボックスの中味」がわかっていないと結局は実戦の経営では役に立たない。

さらに、社長1人が理解したとしても役員、各部門のトップが理解し、数字を使って全社の経営が話し合えるように教育していかないと、各部門の打ち手がバラバラになってしまうのである。

損益計算書は1年で大きく数字が動くが、バランスシートは短期で数字が大きく動くことはない。おもしろいことに、社長を中心にして経営幹部が考えているように、また極端に言えば社長の性格通りに徐々に数字が動いていき、10年、20年経ったら、社長を映し鏡にしたバランスシートが出来上がってくる。

だからこそ、一倉教の会社のバランスシートは特徴が似ており、社長がキャッシュを大事に考える経営を追求すれば強固な財務体質になり、売上重視に走れば水膨れ型のバランスシートになってしまうのである。

経営数字の裏にある仕事現場を見ながら、電卓を叩き続けると、社長の体の中に強固な経営軸が出来上がってくるのである。

◉万が一のときには会社は誰も守ってくれない

このように手堅い経営を続けていると、10年、20年と経つうちに規模の大小にかかわらず完全無借金経営や、実質無借金（現預金－借入金＝プラスの状態）経営となっている社長はたくさんいる。

経営分析的には過剰流動性、すなわち「会社がムダなお金を持ちすぎている」という状態になっているので、次の事業や投資に回すべきだという意見が出たり、無借金だと銀行がいざというときに助けてくれないから借入をしておくべきだとか、さまざまな助言が飛び交うのである。

確かに、次の収益の柱になる事業や新商品開発には、人もカネも投入し続けなければならないが、経営分析の指標に合わせるために事業経営をしているわけではない。大手であれば本当に大変なときには、銀行も救済に乗り出してくれるだろうし、再生の道やM＆Aの申し出があるかもしれない。しかし、中小企業ではよほど特徴のある商品や技術などがない限り、苦境に立ったときは誰も助けてくれないのが現実である。

バブル崩壊後に何度も見てきたし、1997（平成9）年には北海道拓殖銀行や山一証券が経営破綻、2008（平成20）年にはリーマンショックと、約10年ごとに大きな経済危機に中小企業はのみ込まれているのである。

ましてや、日銀のマイナス金利政策の影響で地方銀行自体が儲からなくなり、地銀同士の統廃合、合併、提携ニュースが流れている今日、世界のどこかで経済危機が発生して日本に影響が及んだときは、銀行といえども自分たちの生き残りに必死で、中小企業を助ける余裕はない、とみておくことが社長には必要だと考えている。

社長が自社を守るために資金を厚く持つことと同時に、社長個人が可能であれば高い役員報酬を得て貯金をしておき、万が一のときには自らを助ける努力こそが正しいことだと思う。そうすれば地方経済の担い手として、地域の雇用の確保という大切な社会的使命も遂行できるのである。

貸借対照表（BS）とは、社長の意思でつくるもの

◉今期の売上利益計画を立てたら、期末の「目標貸借対照表」はできる

これまで何度も「目標貸借対照表」について触れてきたが、ここで実際の会社の数字を使ってどのような流れで期末の貸借対照表を作るのか、説明しておこう。

詳しくは、『一倉定の社長学』第2巻「経営計画・資金運用」に譲るが、社長として大切なことは、我社の生き残りをかけた売上利益計画を立てたら、今期末予定の目標貸借対照表がかなりの精度でできるということである。

わかりやすくするために、実際の会社の事例で数字を追いかけてみよう。ただし、『一倉定の社長学』第2巻「経営計画・資金運用」を持っておられる方のために、なるべく勘定科目の用語は近いものを使用している点はご容赦願いたい。

【図表①】を見ていただきたい。37期が売上16億、当期利益3800万円で終わり、37期末の貸借対照表の数字が出た状態である。唯一、損益計算書の数字で貸借対照表に反映しているのは当期利益の「38」だけである。

【図表①】 目標 2期比較B/S（貸借対照表）

（単位：百万円）

負債科目	第37期	使途（減少）	源泉（増加）	第38期
【流動負債】	350			
支払手形	93			
買掛金	170			
短期借入金	26			
未払法人税	18			
割引手形				
他流動負債	43			
【固定負債】	409			
長期借入金	316			
社債	60			
その他	33			
【引当金】	2			
【純資産】	524			
資本金	30			
内部留保	456			
当期利益	38			
《負債資本計》	1285			
		正味増減（	）	

資産科目	第37期	使途（増加）	源泉（減少）	第38期	
【流動資産】	713				
現金流動預金	169				
固定預金	80				
有価証券	28				
受取手形	39				
売掛金	332				
棚卸資産	43				
予定納税	16				
他流動資産	6				
【固定資産】	493				
土地	147				
償却資産	345				
無形固定資産	1				
【投資等】	79				
《資産合計》	1285				
		正味増減（　　　　　）			

新年度を迎えるにあたり、社長は【図表②】のように第38期の目標を売上17億、経常利益5100万円に決めた。経費などは前年度からの増減を加味して予算化している。その達成に向かって走り始め、売上利益が順調に上がり、数字がだいたい予定通りにいったとなると、期末の貸借対照表は【図表③】のようになるのである。

なぜそうなるのかは、37期と38期の間にある「使途」と「源泉」の数字の増減を見積もることで1年間を通じて貸借対照表が動いていくのである。

この数字を社長が意思を込めて見積もる過程が【図表④】の資金運用計画である。【図表④－1】に売上17億を達成するために想定した数値を記入してみたが、【図表④－2】の資金運用表に記入してみよう。たとえば①から始まって、前期の未払い法人税「18」を入れてみる。次に一番わかりやすい項目として長期借入金を見ていただきたい。

【図表②】 第38期 売上利益計画表

項目		第38期		
売上			1,700	100%
変動費	原材料費		591	
	外注費		210	
	買入部品		15	
	変動費計		816	
粗利益		100%	884	52.0
固定費	人件費		500	
	一般経費		208	
	減価償却		33	
	未来投資		15	
	役員報酬		72	
	固定費計	93.7	828	
営業利益			56	
営業外収支			▲5	
経常利益			51	
特別損益			▲1	
税引前利益			50	
法人税等			20	
当期利益			30	
配当金			0	
役員賞与			0	
内部留保		3.4	30	

【図表③】　目標　２期比較 B/S（貸借対照表）

（単位：百万円）

負債科目	第37期	使途（減少）	源泉（増加）	第38期
【流動負債】	350			343
支払手形	93			99
買掛金	170			181
短期借入金	26			0
未払法人税	18			20
割引手形				
他流動負債	43			43
【固定負債】	409			309
長期借入金	316			276
社債	60			0
その他	33			33
【引当金】	2			3
【純資産】	524			554
資本金	30			30
内部留保	456			494
当期利益	38			30
《負債資本計》	1285			1209
		正味増減（　　　　）		

資産科目	第37期	使途（増加）	源泉（減少）	第38期	
【流動資産】	713			651	
現金流動預金	169			111	
固定預金	80			84	
有価証券	28			0	
受取手形	39			41	
売掛金	332			353	
棚卸資産	43			46	
予定納税	16			10	
他流動資産	6			6	
【固定資産】	493			465	
土地	147			147	
償却資産	345			317	
無形固定資産	1			1	
【投資等】	79			93	
《資産合計》	1285			1209	
		正味増減（　　　　　）			

【図表④】 第38期 資金運用計画

（単位：百万円）

区分	第38期 資金運用計画			
	源 泉		使 途	
固定資金	1. 期首現金流動預金		1. 前期法人税等	
	2. 当期経常利益		2. 前期利益処分	
	3. 当期減価償却費		（配当金	
	4. 前期予定納税		（役員賞与	
	5. 増 資		3. 当期予定納税	
	6. 当期設備支払手形		4. 長期借入金返済	
	7. 引当金増加		5. 前期設備支払手形決済	
	8. 長期借入金（増加）		6. 当期設備投資	
	9. その他		（機械償却資産等	
			（土 地	
			7. 投資等	
			8. その他	
			9. 固定資金余裕	
	計		計	
運転資金	1. 固定資金余裕		1. 受取手形増加	
	2. 支払手形増加		2. 売掛金増加	
	3. 買掛金増加		3. 棚卸資産増加	
	4. 割引手形増加		（製 品	
	5. 短期借入金増加		（原材料他	
	6. その他流動負債増加		4. 固定預金増加	
			5. 短期借入金返済	
			6. その他流動資産増加	
			7. 期末現金流動預金	
	計		計	

固定資金の使途として、この会社は38期に長期の返済が7000万円あり、過去の社債の返済6000万円が重なってしまったのである。

この数字は実際の返済額等を少し簡略化しているのだが、さすがに合計1億3000万円の返済は資金的に厳しいので資金不足を招きそうなことは想像できるが、そのまま計算してみるのである。

続いて今期の設備投資の計画「5」を入れ、保険代に代表される資金支出「14」を入れて、9番の固定資金余裕はそのまま空欄で固定資金の源泉②に移る。

固定資金の源泉の1番から4番まで数値を入れたところで、一旦合計を計算すると「269」が出てくるので、同じ数字を固定資金の使途の合計に「269」を入れてバランスさせる。

そうすると固定資金の使途が「269」になるためには、空欄だった固定資金余裕が「92」にならなければつじつまが合わない。これで固定資金は1回目終了となる。

この固定資金余裕「92」が運転資金の源泉に入ってくるのであるが、「なぜ?」という疑問を持たないで、素直に運転資金の源泉の1番に「92」をそのまま転記する。

そうして固定資産に続き、今度は運転資金の使途である⑤の受取手形から増加額予想を計算するのである。計算式は、223ページの【図表⑦】にあるように、前期の回転率か

【図表④-1】 第38期 資金運用計画

(単位：百万円)

	使　途	
	1. 前期法人税等	
	2. 前期利益処分	
	(配当金	
	(役員賞与	
	3. 当期予定納税	
	4. 長期借入金返済	
	5. 前期設備支払手形決済	
	6. 当期設備投資	
	(機械償却資産等	
	(土　地	
	7. 投資等	
	8. その他	
	9. 固定資金余裕	
	計	
	1. 受取手形増加	
	2. 売掛金増加	
	3. 棚卸資産増加	
	(製　品	
	(原材料他	
	4. 固定預金増加	
	5. 短期借入金返済	
	6. その他流動資産増加	
	7. 期末現金流動預金	
	計	

配当 …………………………… 0
役員賞与 ……………………… 0

後期の予定納税 ……………… 10
納税引当 ……………………… 20
長期の今期返済予定 ………… 70
社債返済 ……………………… 60

設備投資予定 ………………… 5
土地購入 ……………………… 0

投資等は保険など …………… 14

＊38期の減価償却 …………… 33
＊固定預金 …………………… 4
＊短期借入金は　0にする

＊買掛、売掛、在庫等、回転率は変わらないで増減を計算する

前期 37 期が終わりました。

① 売上　1,600 百万円
　その結果は 37 期 BS です

② 今期目標は
　　　　1,700 百万円
　経常利益目標
　　　　51 百万円

③ これが達成できたときの
　38 期予測（目標）BS は
　どんな数字になりますか?

③ 経常利益 51 百万円は
　　引当金　　　　1
　　法人税等　　20
　　当期利益　　30
　を想定

区分	第 38 期　資金運用計画		
	源　泉		
固定資金	1. 期首現金流動預金		
	2. 当期経常利益		
	3. 当期減価償却費		
	4. 前期予定納税		
	5. 増　資		
	6. 当期設備支払手形		
	7. 引当金増加		
	8. 長期借入金（増加）		
	9. その他		
	計		
運転資金	1. 固定資金余裕		
	2. 支払手形増加		
	3. 買掛金増加		
	4. 割引手形増加		
	5. 短期借入金増加		
	6. その他流動負債増加		
	計		

【図表④-2】 第38期 資金運用計画

（単位：百万円）

	使途	
	1. 前期法人税等	18
	2. 前期利益処分	0
	（配当金	0
	（役員賞与	0
	3. 当期予定納税	10
	4. 長期借入金返済	130
	5. 前期設備支払手形決済	
	6. 当期設備投資	5
	（機械償却資産等	5
	（土　地	
	7. 投資等	14
	8. その他	
	9. 固定資金余裕	92
	計	269
	1. 受取手形増加	2
	2. 売掛金増加	21
	3. 棚卸資産増加	3
	（製　品	2
	（原材料他	1
	4. 固定預金増加	4
	5. 短期借入金返済	26
	6. その他流動資産増加	
	7. 期末現金流動預金	53
	計	109

① → ③

＊長期返済社債を含む（70＋60）

③ → ⑦

⑤ 回転率を考え想定

⑦

この左右の数字が合うように⑦を逆算

区分	第38期 資金運用計画		
	源 泉		②
固定資金	1. 期首現金流動預金	169	
	2. 当期経常利益	51	
	3. 当期減価償却費	33	
	4. 前期予定納税	16	
	5. 増 資		
	6. 当期設備支払手形		
	7. 引当金増加		
	8. 長期借入金(増加)		
	9. その他(有価証券)		
	計	269	
運転資金	1. 固定資金余裕	92	
	2. 支払手形増加	6	
	3. 買掛金増加	11	
	4. 割引手形増加		
	5. 短期借入金増加		
	6. その他流動負債増加		
	計	109	

④

⑥

ら売上が16億から17億に増えた場合を想定し、計算してみるのである。

運転資金の7番目「期末現金流動預金」を空白にして終わったら、次に⑥の運転資金の源泉の「2．支払手形増加」を【図表⑦】の計算で同様に数値を出し、記入したら、源泉の合計を出してみる。結果は、「１０９」。

この「１０９」は固定資金のときと同じように運転資金の使途の合計に転記し、左右をバランスさせるのである。

そうした後に、最後に7番の期末現金流動預金を、合計が「１０９」になるように逆算すれば、⑦に「53」が入ってくる。

この「53」という数字の意味は、【図表①】にあった流動資産の一番最初の37期末の現金流動預金「１６９」が38期末になると「53」になってしまうということを意味する。

１億３０００万円の返済で資金不足が想定されたが、１回目の計算で計画の不備が確認できて、再度の計画練り直しということになるのである。

◉今期をどう着地するか予想できる

【図表④－３】を見ていただきたい。修正版として、資金不足であるから資金の源泉を増やすか、使途を減らすしか、方法はないのである。

ここでは、社長の腹は「長期借入」3000万円の増加と「その他」で2800万円の調達で決まった。実例だから詳細は書けないが、取引先の上場株の放出を決断したのである。これも時代の変化を取り入れた社長の意思の表れである。いつまでも系列、安定株主でもあるまい。

成り行きで経営をしていれば返済が迫り、お金が足りないから折り返しの借入を依頼するのが普通である。結果は同じように3000万円の新規の長期借入金が発生しているかもしれないが、思考プロセスは全く逆であり、事前に資金不足を予想し最初から銀行に説明をして依頼するわけであるから、銀行サイドの評価も変わってくる。

少し脱線したが、もう1度、【図表④−3】に戻っていただいて、「30」と「28」が新たに加わったので再計算していただきたい。合計が「269」から「327」に資金調達した「58」分だけ増え、固定資金の使途の合計も同じ数字「327」に書き変えた状態になっている。

そうするともうおわかりのように固定資金余裕が「150」にならないと左右がバランスしなくなるので固定資金の修正は終わるのである。

この後は、増えた固定資金余裕「150」が運転資金の源泉に入ってくるので、合計が「167」に変わり、逆算で出てくる期末現金流動預金が「111」に増えて2回目の計算

【図表④-3】 第38期 資金運用計画

（単位：百万円）

使　途	
1. 前期法人税等	18
2. 前期利益処分	0
（配当金	0
（役員賞与	0
3. 当期予定納税	10
4. 長期借入金返済	130
5. 前期設備支払手形決済	
6. 当期設備投資	5
（機械償却資産等	5
（土　地	
7. 投資等	14
8. その他	
9. 固定資金余裕	(150)
計	(327)
1. 受取手形増加	2
2. 売掛金増加	21
3. 棚卸資産増加	3
（製　品	2
（原材料他	1
4. 固定預金増加	4
5. 短期借入金返済	26
6. その他流動資産増加	
7. 期末現金流動預金	(111)
計	(167)

再計算 ③

⑤ 回転率を考え想定

⑦

この左右の数字が合うように⑦を逆算

修正版

③を転記

④

⑥

区分	第38期　資金運用計画		
	源　泉		
固定資金	1. 期首現金流動預金	169	
	2. 当期経常利益	51	
	3. 当期減価償却費	33	
	4. 前期予定納税	16	
	5. 増　資		
	6. 当期設備支払手形		
	7. 引当金増加		
	8. 長期借入金(増加)	(30)	
	9. その他(有価証券)	(28)	
	計	(327)	
運転資金	1. 固定資金余裕	(150)	
	2. 支払手形増加	6	
	3. 買掛金増加	11	
	4. 割引手形増加		
	5. 短期借入金増加		
	6. その他流動負債増加		
	計	(167)	

が終わるのである。

売上を1億伸ばし利益も5100万円出しても、現預金は減ってしまうのがおわかりいただけると思う。PL（損益計算書）重視の経営からBS（バランスシート・貸借対照表）重視の経営にならなければいけないというお手本のような事例である。

ここで社長が期末の現金流動預金が1億円以上あればとりあえずは安心だと思えば、資金の移動を増減欄に転記して貸借対照表（38期末の目標）が完成するのである。

【図表⑤】の数字を【図表⑥】の増加と減少を間違えずに転記し、足し算、引き算すれば目標貸借対照表の主要科目の数値がまとまるのである。はじめての社長には面倒な表であり、わずかの紙面で説明することは困難だが、以下の3点だけは覚えておいていただきたい。

一連の流れをエクセルで計算されて一発で数字が出るのと、社長があああでもないこうでもないと考え計画を練る時間をとることの違いであると一倉先生も指摘している。

強気で計画を立てればお金が不足し、投資を押さえれば目先のお金は助かるが競争力を失ってしまうのであるから、自社全体と競合先とお客様の要求の変化を総合的に判断して知恵を出さざるを得ないのである。

もう1点は、このケースでは、運転資金は意識して動かしていないが、売上を1億円伸ばして、棚卸資産を「▲1」と計画すれば当初計画より年間で400万円在庫を削れという社長の意思を数字に込めることになるのである。

3点目として、もう一度、【図表⑤】を見ていただきたい。同じ資金運用表だが、固定資金の使途のうち、ほとんどの税金項目は前期の決算が締まった段階で数字が決まっており基本的には動かせない。社長がコントロールできる数字は、固定資金では固定資産投資額（設備や店舗、土地の購入など）の数字しかないことと、固定資金余裕をプラスにしておかないと運転資金にしわ寄せが行って手元の現預金が減ってしまうことである。

会社の資金がわからないという社長は、ここだけ押さえれば充分である。売掛金や買掛金は全て取引先という相手があることなので簡単に我社の都合だけで数字を変えることができないから、単年度ではなくて5年くらいの長期を見据えて取り組まないと貸借対照表のバランスを変えることは難しいことも併せてわかっていただきたい（【図表⑦】）。

◉急成長ほど恐ろしいものはない

この資金の流れがわかっている社長は着実な成長を目指すのであるが、売上16億円を好調なうちに一気に伸ばそうと翌期20億円、2年後25億円、と強気に目標設定する社長が

【図表⑤】　第 38 期　資金運用計画

（単位：百万円）

	使途			
	1. 前期法人税等	18	①	今期コントロール不可
	2. 前期利益処分	0		
	（配当金	0		
	（役員賞与	0		
	3. 当期予定納税	10		
	4. 長期借入金返済	130	②	
	5. 前期設備支払手形決済		③	
	6. 当期設備投資	5	④	社長の意志
	（機械償却資産等	5		
	（土　地		⑤	
	7. 投資等	14		
	8. その他		⑰	
	9. 固定資金余裕	150		← 絶対にプラス
	計	327		
	1. 受取手形増加	2	⑫	
	2. 売掛金増加	21	⑬	
	3. 棚卸資産増加	3	⑭	
	（製　品	2		
	（原材料他	1		
	4. 固定預金増加	4	⑮	
	5. 短期借入金返済	26	⑯	
	6. その他流動資産増加			
	7. 期末現金流動預金	111	⑳	
	計	167		

固定資金の裏付け

①～⑳は【図表6】の転記場所へ

区分	第38期 資金運用計画 源泉		
固定資金	1. 期首現金流動預金	⑥	169
	2. 当期経常利益	⑦	51
	3. 当期減価償却費	⑧	33
	4. 前期予定納税	⑨	16
	5. 増 資		
	6. 当期設備支払手形		
	7. 引当金増加		
	8. 長期借入金（増加）	⑩	30
	9. その他（有価証券）	⑪	28
	計		327
運転資金	1. 固定資金余裕	⑰	150
	2. 支払手形増加	⑱	6
	3. 買掛金増加	⑲	11
	4. 割引手形増加		
	5. 短期借入金増加		
	6. その他流動負債増加		
	計		167

【図表⑥】　目標　２期比較 B/S（貸借対照表）

（単位：百万円）

負債科目	第37期	使途（減少）	源泉（増加）	第38期
【流動負債】	350			343
支払手形	93		⑱ 6	99
買掛金	170		⑲ 11	181
短期借入金	26	⑯ 26		0
未払法人税	18	① 18	⑦ 20	20
割引手形				
他流動負債	43			43
【固定負債】	409			309
長期借入金	316	③ 70	⑩ 30	276
社債	60	③ 60		0
その他	33			33
【引当金】	2		⑦ 1	3
【純資産】	524			554
資本金	30			30
内部留保	456		38	494
当期利益	38	38	⑦ 30	30
《負債資本計》	1285	**212**	**136**	1209
		正味増減（　▲76　）		

※⑦は経常利益 51 ＝ 20 ＋ 1 ＋ 30

資産科目	第37期	使途（増加）	源泉（減少）	第38期
【流動資産】	713			651
現金流動預金	⑥ 169		58	⑳ 111
固定預金	80	⑮ 4		84
有価証券	28		⑪ 28	0
受取手形	39	⑫ 2		41
売掛金	332	⑬ 21		353
棚卸資産	43	⑭ 3		46
予定納税	16	② 10	⑨ 16	10
他流動資産	6			6
【固定資産】	493			465
土地	147			147
償却資産	345	④ 5	⑧ 33	317
無形固定資産	1			1
【投資等】	79	⑤ 14		93
《資産合計》	1285	**59**	**135**	1209
		正味増減（	▲76　）	

※ 58は、169-111で逆算

けっこう多いのである。

資金運用表を見ていただければわかる通り、利益が出たといっても税金と半期後の予定納税の資金にまわり、売掛金、在庫が増え、実際に使えるお金は経常利益の30〜40%くらいである。そこに売上増大のために工場を拡張したり、店舗を作ったりするので、自ずと借入金が増えるし、銀行も融資先を求めているわけだから好都合なのである。

また、急成長ではないが、社長によっては相当強気な売上利益計画を全社員に発表する場合も多い。理由を聞いてみると「これぐらいのノルマをかけておかないと数字が伸びませんから」等の答えが返ってくる。

急成長も同じことだが、こういう社長は貸借対照表を作り込むという発想自体が全くない社長であり、売上さえ伸ばしていればお金はついてくると思っているのだろう。順調に伸び続ければいいかもしれないが、昨今好調な事業には新規参入が我も我もと参入し、利益率は低下しブームが一気に去ることだって日常茶飯である。となると、残ったのは借入金と固定資産ということになってしまう。

急成長は組織も社員の教育も追いつかないことは皆わかっているが、貸借対照表も危険な状況に近づいていることを知っておいてほしいのである。

【図表⑦】 売掛・在庫・買掛の増減想定

前期37期の売掛債権の回転率は?

1600÷332＝4.82

今期目標38期、1700百万ではどうなる?

1700÷4.82＝353

＊では売掛債権の増加は?

353－332＝21

回収を早め、運転資金の圧縮を考えなければ「21」のままで。
回収期間の短縮を図れば21以下の数字を意思を込め記入

同様の計算で
＊流動資産の回転率で期末の数字を計算

$$\frac{\text{売上高}}{\text{受取手形}} \qquad \frac{\text{売上高}}{\text{売掛金}} \qquad \frac{\text{売上高}}{\text{棚卸資産}}$$

注）受手＝受手＋割手

＊流動負債も同様に期末数字を計算

$$\frac{\text{売上高}}{\text{支払手形}} \qquad \frac{\text{売上高}}{\text{買掛金}}$$

◉3年先、5年先の目標バランスシートに向かって数字をつくる

社長として常に3年先、5年先を目標に据え、事業規模が小さいうちから筋肉質の貸借対照表を作っていただきたいのである。

Y社長は二代目の社長であるが、堅実な経営をされて地元でも評判の人物である。ただし、事業を父親から引き継いだとき、売上は30億円近くあったが借入、売掛、在庫が多く、自己資本比率は9％台という非常に厳しい状況だった。

よくある話で、修業先から戻ってくるまでは先代から決算書は見せてもらえず、まあ商売は順調そうだからと安心して戻って、決算書を見てびっくりというパターンである。後継社長なのでいろいろ勉強したり、銀行にも相談したりして決算を迎えると、先代の時代より「利益額」は大きくなっているにもかかわらず、会長が怒るのである。

「売上が減っては会社が倒産に向かっている！」と。

Y社長にしてみれば、儲かってもいない仕事をいっぱいとって売上を作ってみても一向にバランスシートは良くならないので、利益率重視の経営に切り替え、直近の目標は自己資本比率10％超えとし、会社を良くしているのである。

しかし、一旦悪くした数字は、劇的に良くなるものではない。結果的に売上は横ばい、もしくは少し減少気味だが粗利益率を守った経営に徹し、17年目に念願の自己資本比率

35％を達成したのである。膨らんだ貸借対照表を後継者に残してしまうと、人生の半分近くを借金返済のために費やさなければならないことだってある。

大きく儲かる商売であればもっと早くに実現するかもしれないが、皆が高収益事業をやっているわけではない。常に3年先、5年先くらいを見据えて、特損を出すタイミングはいつがいいか、即時償却できる設備投資はないか、公の補助金、助成金は引っ張れないか、を考えバランスシートを小さくする努力と、当期利益を着実に積み上げていけば成果は確実に数字になって表れてくるのである。

経営、特に貸借対照表には「でも」も「しかし」も「ウルトラC」もない。

創業以来の社長の意思決定が数字となって表れているので、10年かけて悪くなっていれば、同じように10年かけて良くしていかなければならないのである。

社長業は一見派手に見えてしまうが、本質的には極めて地道な作業の積み重ねであることをわかっていただきたいのである。

◉悲願の無借金経営、実質無借金経営を実現する

先のY社長もそうであるが、自分で作った借金ならまだしも、父親とはいえ先代が借りまくった巨額の有利子負債に押し潰されそうになりながら経営している社長はけっこうい

らっしゃる。

しかも前にも書いた通り、銀行から見れば格付けが低いので金利が高いのは当然である。借入金を返すのには超低金利の今が一番条件が揃っているのだが、せっかく営業利益を稼いでも支払金利に持っていかれたら返済原資も出てこないのである。

もう10年近く前になるが、K社長から経営相談があったとき、この無借金の話になったことがある。幸い売上利益は順調にいくメドが立ちそうだったが、追加の設備投資も2年ごとにやっていかないと継続的な利益は見込めないと判断できたにもかかわらず、社長が「どうしても無借金にしたい」と言い出した。

正直難しいとは思ったが、やってみるしかないので、先の目標貸借対照表の1年目を作り、その数字をベースに2年目の目標貸借対照表を作り、3年、4年、5年と社長と一緒に作ってみた。丸2日くらいかかったかと記憶している。

売上利益も作文をするわけにはいかないので、それなりの根拠の数字を置いて、社員を増やし設備を購入し、減価償却費を立ててのシミュレーションを繰り返しての借金返済プランである。さすがに5年では完済にはならなかったが、5年後に2000万円くらいまで追い込んだ数字になったから、6年後にはいけるところまでの計画となった。

「社長は凄いな」と思ったのはそれからである。夢のような話からシミュレーションながら目の前に借入金ゼロの手書きの貸借対照表があるだけで、既存営業に力が入るし、新規の営業も紹介やコネ、飛び込みも駆使して全社が動き出したのである。

前向きに動き出すと、運も向いてくるのかもしれない。設備投資も助成金の申請が通ったり、ほぼ新品の中古設備が格安で入手できたりと順調に進み、最後は少し残った長期借入金を5年後にペナルティーを少し払って返済してしまったのである。

もちろん毎期毎期、実績をベースに次年度以降の計画は立て続けていったが、5年前に作成した長期計画で描いた未来が手に入ったのである。幸運が味方したのは事実だが、「ツキも実力のうち」である。

社長が本気で計画を立て、実行し、実績をベースに見直し、さらに計画を練り直すことで損益計算書も貸借対照表も作ることができるのである。ただし、世の中はおもしろいと言っては失礼だが、「俺は不真面目な社長だから借金がないと遊んでしまう」と言ってあえて借金をしている社長もいらっしゃる。

こういう社長はくせものである。貸借対照表を見ると「借入金」よりはるかに多い「現預金」を持っていて、いつでも即金で返せる状態であるから、驚くほどの超低金利で借入をしており、その分、金融機関の情報網を目いっぱい使って事業拡大に活かしているのである。

一倉教を徹底的に勉強し、20年、30年とコツコツ積み上げてきた実績と岩盤のような貸借対照表を前にしては、地銀の支店長ではとても手に負えないのが実際である。しかしそれでも、一倉先生の教え通り、毎月「月次の試算表」をもって支店長に報告に出向いているのである。そこに、驕りや慢心はない。

無借金になったからといって油断してはいけない。明日何が起こるかわからないのも経営であるからである。

◉主要な役員・経営幹部に経営数字の実務を叩きこむ

小企業であれば、社長が1から10まで全部決め、指示を出していけば会社は充分回っていくが、社員が30名を超えだすと目が届かなくなってくる。

1つの事業を皆でやっていれば、50人を超えても大丈夫かもしれないが、事業の性質が違う部門が2つ3つと増え始めると、社長といえども全体はつかめても、各事業部の細かいところは見えなくなってくる。

ましてや昨今のＩＴを中核にしたような事業部は、年齢の高い社長には変化が激しく、最新技術についていくことも大変だし、設備、営業、財務、人事と全てに詳しい社長などいないから、各部門の責任者が経営の共通言語である「経営数字」で語り合えるように教育していかないと企業の成長が止まってしまう。

子供の教育では長所を伸ばせと教わってきたが、会社の実力は一番弱い部署のレベルにどうしても制約を受けてしまう。社長の意図していることを、経営幹部には戦略と数字の裏付け、両面で理解し行動してもらわないと、社長の想い描く成長戦略の実現が遅れてしまう。

ある食品メーカーの事業戦略の相談に乗っていて4年目だったと思う。来期の計画を立てるので合宿を張っていたのだが、夜中の12時近くになって夜食にラーメンを5人で食べに行くことになった。

販売は順調だったが、ここ数年の傾向で売掛金の回転が悪くなっているのが気になっていた。資金繰りに影響が出るほどではないから問題視するほどでもないので合宿中は言わなかったが、ラーメンを食べながら「K部長、なんで売掛金、増えてるの？」「運転資金ちょっとつまり気味だからね」と聞いてみた。

経理の責任者も「そうそう」と言ったところを見ると気づいていたらしい。K部長は何気なく「簡単、簡単、H商事がここのところ随分力を入れてくれて売上数量伸ばしてるのよ」と。さらに「Hさん、締め日から支払い遅いから仕方ないんだよね」

「H商事は国内でも最大手クラスだから事故は心配ないし、他の商社さんの同行を増やしてバランス取らないとね」と会話が続いた。しかし、4年前からすれば信じられない光景だった。毎年毎年、研修合宿を繰り返していたので、K部長の4年前を知っている。

今では全社の数字がだいたい頭に入っており、その原因もキッチリとつかんでいて、深夜にラーメンをすすりながら来期の大枠が語れるように皆が成長しているのである。

できている会社にとっては当たり前のようでも、取締役営業部長が営業の数字は押さえていても設備投資予算や借入金の返済、運転資金まで全社的に見る習慣を持っている会社はそんなに多くない。

資金運用計画と資金繰り計画の相互チェック

1年間の計画ができたら、月間計画に展開していくことは、皆さんやっているので詳しい説明はいらないかと思う。問題は季節変動の大きい事業をやっている会社、仕入れが1年の特定月に1回、集中する業種の資金繰り計画が問題になる。

◉社長は月次試算表のどこを最初に見ているか?

観光関連事業や冬場の仕事が厳しい会社など季節変動型はけっこう多いし、農産物や旬の海産物などを扱う食品加工メーカーなど、資金量のトップとボトムの差がかなり大きい事業もある。

年間の資金運用計画は、たとえば3月決算の会社であれば、4月1日に新しい期が始まり、12ヵ月の資金繰りが繰り返し、期末の数字になるが、社長の考え方と経理の考え方の違いが出てくるのである。

経理部に任せると今期の売上予算を割掛け、前期までの実績ベースを基に過去からの積み上げで数字を作り気味である。これでは結局「成りゆき経営」になってしまう。社長が考えなければならない資金繰り計画は、スタートの4月1日時点の貸借対照表の勘定科目の数字を1年間、12回かけて、目標とする3月31日の数字に着地させる計画を織り込むことである。

たとえば、売掛金の回収であれば、年間を通じて1週間早くすることができないか、などと考え毎月の計画を立て、実績が出たら計画の隣の枠に実績数字を書き込み、計画との差額を毎回見つめながら次策を練っていくようにしなければならない。

実際の決算書から運転資金の実績を出してみると、業種業態によって実にさまざまなパターンがあるから、自社の資金体質を知って計画を立てていただきたい。一番問題になるのが、「逆ザヤ」と呼んでいる現象である。

「回収」の日数と「支払い」の日数を比べると、回収が遅く支払いが早い場合という業界体質がそのまま残っていて、社長が売上をドンドン伸ばそうとするとどうなるかは想像の通りである。よほど高い利益率の事業でない限り、順調に売上利益計画を達成すれば「お金が詰まってしまう状況」、つまり運転資金でお金を減らし、つなぐための借入金を増やさなければならない会社はけっこう多いのである。

だからこそ、資金運用計画を立てたら、どうやってその数字を実現できるか、の具体的な行動を考え、資金繰り計画に反映させないと貸借対照表は強くならない。小売りや飲食業のように回収率が95％くらい（ほぼ現金とカードの入金日数）であれば支払いが遅い分、運転資金の悩みは薄らぐが、法人相手の事業では月商の2ヵ月、3ヵ月分の売掛金が残る会社もある。

まず、自社の運転資金の体質を知って計画を練るのである。そうして新年度が始まり、毎月の月次試算表が届いたら、真っ先に見る項目は現預金に代表される流動資産項目に目を向けてほしい。ただし、『一倉定の社長学』の「第2巻」、465ページから始まる資金繰り計画のなかにも出てくるが、社長が数字を見るときに大きくまとめた数字で見ることというのが、経営上は大事になってくる。

社長の手元にある自社の月次残高試算表を見ていただくと、経理用の細かい勘定科目が並んで前月、増加、減少、当月末、昨年比較などが小さな数字でびっしりプリントアウトされているが、これでは普通の社長はどこを見ていいかわからなくて当然である。

担当者に1回だけ、数字のまとめ方を教えて、まとめた数字を報告させるようにすればいいのである。気になる数字があって細かく知りたければ部長に聞けばいいだけである。そうして毎月、メインバンクの支店長を訪ね、計画の進捗を自分の言葉で報告し、3カ月後、6カ月後に資金不足が発生しそうな予測が出れば短期の資金調達依頼や、他の事前対策に余裕をもって手を打つのである。

こういう日々の積み重ねで、メガバンクの地方支店、地元地銀の支店内では中堅・中小企業といえども1、2を争うほどの信用を得ているはずである。銀行の方々とは経営計画の発表会の席上で、隣同士になることが多いが、皆さん同様に「転勤前から噂は聞いていたんですが凄いですね」とか「社長の財務知識レベルが高いのに驚かされる」等々言われるので本当に信用されていることはすぐにわかる。

◉自社の現預金残高の安全メドを維持する

経営分析では現金比率という指標があって50％で良いとか、現預金は月商の1ヵ月、

2ヵ月分あれば安心だとか計算上は出てくる。当然数字が高ければ資金ショートするリスクは下がってくるから安心だが、多すぎるとお金を無駄に持ちすぎているということになる。ただし、これは机上の計算である。

先ほど書いたように、現金商売の事業と回収サイトの長い事業でも違うし、社員数によっても違ってくるから経営分析は参考にしても社長自身の、また経理の責任者の皮膚感覚をもっと大事にしてほしいと思う。実際に社長によく聞かれる質問だからである。

一倉教の貸借対照表の特徴は過剰流動性だといったように現預金が多いから、顧問の税理士先生からも言われると不安になるらしい。年商15億円の会社でも同じことを聞かれた。現金商売が中心で取引先も大きな偏りがないから急激に売上ダウンする恐れのない会社で、しっかり者の部長に「いくら手元にあったらぐっすり寝れる？」と質問をすると、間髪を入れず「1億円」と答えが返ってきた。

さすがに「1億円」の大台を割ると、その部長もちょっとソワソワするらしい。月商倍率でいえば1ヵ月を切っているけれど、長年仕事をやっていて安心できるラインがわかっているからである。

別のメーカーでは、私も全く違うことを提案することがある。O社長は慎重派であるし、長年の努力の賜物で自己資本比率も相当に高いが、O社長でも自分の判断に自信が持てないようであった。

私の質問は、「年間の総人件費はいくらくらい？」だったが、さすが慎重派のO社長、即座に「××億円」と答えてくれた。「その1年分あればOKじゃない」というのが第1目標。万全を期すなら2年分と話して、なぜならばと縷々説明をしたことがある。法人対象の設備関連だから万が一のときのダメージが大きいからであり、業績回復に時間がかかるからである。

最近多い異常気象による自然災害もリスク対象であるが、何といってもリーマンショックのときの業績の落ち込みの体験が忘れられないからである。衣食住関連であれば復旧も復興需要も見込めるが、設備関連はそうはいかない。売れない時期に、社長が焦って値段を下げたりして売上数字を作ろうとしても、実際にはそれ程売れないし、回復した後に「安値の事実」だけが残り、値戻しに何年も何倍も苦労する。

結局、自分たちが苦しむ結果になってしまうのである。だが、手元資金があればガマンができるし、社員も動揺しなくて済む。過剰と言われようと、「社長が雇用を守れて、安心できる水準」を決めておくことが何より大切なことである。

◉赤字を恐れず大型節税を断行すれば、資金運用は楽になる

「資金を貯める、残す」ためにやらなければならないことは、何といっても営業利益を出すことであるが、それだけでは資金運用のところで書いたように内部留保にまわらない。「特別損失」という科目を使って税金の資金流出を抑えることが大切なことは、社長なら全員本能的に知っているように思えるが、現実にやっているとは思えない。

目先の節税には熱心だが数年に1度の大型節税や、ここ数年適応されている設備投資の即時償却などで「繰越欠損金」を使い数年間にわたり税金を払わないような施策を実施しないと、現預金は積み上がっていかない。

そんな大型の対策は社長主導でなければできないし、銀行にきちんと説明して行えばキャッシュフローのことはよくわかっているので協力的である。先日そんな話になったとき、岡山県の会社社長がニヤニヤ笑っているので決算書を見せてもらったら、驚くことに「固定比率」がメーカーで工場を持っているにもかかわらず30％を切っていたのである。

実際に自社の数字を計算してみてほしい。

「固定資産」÷「純資産」×１００％＝

いくつになっているだろうか。１００以下であれば理想的と言われるが、固定比率が他の会社で１００％以下はなかなか実現できないのである。設備更新をしない古い機械で仕

事をしていれば可能かもしれないが競争力を失い、本末転倒の話になってしまう。

「社長、何したの？」

「あはは～、6億円の工場投資を即時償却したんだよ」「都合よく期日が来年まで延長になったから助かったよ」と話した。最新設備を導入し貸借対照表は大きくならないので、順調に利益が出ればＲＯＡは上がるし、繰越欠損金がなくなるまで税金流出は抑えられる。せっかく全社員で稼いだ営業利益の35％～40％くらい税金で流出するのだから、税法で認められる範囲内であれば目いっぱい活用すればいいと思っている。

そんな積極的な話ばかりでなくて、もっと切実な特別損失だってある。先代の父親が、好調なときに将来の事業拡張を見越して工業団地の土地を購入していた。結果論かもしれないが、今から思えば随分と坪単価が高いので、息子さんの後継社長からすれば二重の苦しみである。

日本の高度成長が峠を越えて随分経つが、地方に行けば分譲したものの放置されている工場団地はたくさんあるし、交通のアクセスに恵まれなければ今後も厳しい。長年、売りたくても売れなかった用地に購入の打診があったので、1円でも高く売りたい気持ちはわかるが、その商談を逃すわけにはいかないので、相手さんの希望に沿った価格で無事契約となったのである。

小さい話かもしれないが、未整備の工場用地は夏になると凄い勢いで草が生えツタのようなものが絡まり始める。隣の稼働中の工場から苦情が来るので、専門業者さんに頼んで草刈りをするため、この費用が毎年バカにならない。

売却すれば、「固定資産売却損」という節税原資が生まれるし、簿価より低いとはいえ、まとまった現金が入ってくるので、願ったりかなったりである。

他にもいろいろなケースはあるだろうが、大きく貸借対照表を作り変えていくのは社長の役目なのである。そのために、その方面に詳しい凄腕の税理士をセカンドオピニオン、サードオピニオンとして契約しておられるツワモノ社長もいる。

だが、節税が目的ではない。好不況の波にビクともしない強い貸借対照表を作るためである。そうしないと病気になってしまう。

◉「節税貧乏」という病気

大型節税などは数年に1度くらいにしておかないと、本業が弱くなるという病気にかかってしまう。世間で「節税貧乏」で意味が通じるかどうかわからないが、私は病気の名前をそう呼んでいる。

中小企業が本業の利益で1億円、2億円と現預金を増やしていくのはそう簡単なことではないが、先ほどのような事例で現金が億単位で増えることはよくあることで、随分得した気分になるし、実際に数字も2、3年で見違えるほど良くなってくる。

社長がこの罠にはまってしまうと、四六時中、節税のネタを探すようになってくるし、金融商品で節税型の話も、どういうわけか引き寄せてしまうようになる。冒頭に書いた「穴熊社長」への逆戻りである。

お客様の要望を満たして、キチンと利益が出る会社にして順調に走り始めて、節税病にかかってしまうと、お客様への定期訪問が減り始め時間の経過とともに市場とのズレが生じているのだが、貸借対照表はキレイだし、現預金も持っていると「会社のために頑張っている」と自分自身を納得させてしまうのである。

特に二代目社長はよく勉強するから、難しい節税スキームや海外取引を絡めた節税策であっても、英語はできるし留学経験もあるので大金を投じてしまうことがある。

根本的には現金が出ていく対策と、現金が入ってくる対策があるので冷静に判断することと、自分がよくわからないモノには手を出さないほうが賢明である。

◉社長が「お金に弱い」ことが不正の温床

なぜここまで「お金」のことをくどくど書くかというと、この章の冒頭で書いたように

「お金」で悩まないためであり、会社は資金ショート一発で倒産になってしまうからである。

現実に、古い話だがこんなことが起きてしまった。

社長は凄く商売熱心で会社も順調、しかも高収益だから、ますますお客様訪問をはじめ、新しい商材探しなど国内はもとより海外にまで出かけていた。ほとんど社内にいないのだから、経理部長からすれば銀行印を押してもらわないと仕事にならないので、社長が出社しているわずかの時間に書類を説明して決裁という流れであった。

社長は情に厚く、熱血漢で信じた人にはとことんついていく性格だから人も同じだと思ったのかもしれない。銀行印を経理部長に預けてしまったのである。一倉先生の教えの中の「禁手の重要事」である。それも「絶対にしてはいけない」と、しつこく講座で何度も念を押すほどであった。

今とは違って手形帳がある時代だったが、乱発した支払手形がスジの悪いところに回ってしまった。なぜあれだけ信頼されていた部長がそんな行為に及んだのかはわからないが、好調だった会社が一発でダメになったのは事実である。

一倉先生の教えの中に、「勝手にハンコを押せる状況を作っている社長が悪い」という言葉がある。犯罪者を生む土壌を作った社長の責任であると。言い方は悪いが、こういうことをやる社員は、日頃は気が利いて仕事も良くやるのでついつい信用してしまう。

「信頼しても信用するな」という言葉があり、正しい意味はよくわからないが、会社の存続に関わることを任せっぱなしにする社長の責任感のなさこそが問題である。

今でもニュースに着服、横領に代表される不祥事がよく出てくるが、何年にもわたって行われていたなどのコメントを聞くたびに会社であれ団体であれ、トップがお金のことをしっかりつかんでいなかったんだろうと想像している。

社員は上をしっかり見ているので、お金にルーズかシビアかの判断は瞬時にできる。定期的に確認したり、現預金の残高を合わせたりしておかないと、全てが後の祭りになってしまう。

ましてや、目標バランスシートで期末の現預金の額が想定されていれば、売上利益計画が大幅に狂わない限り、予算と実績の差は数%以内に納まってくる。会社も社員の人生を守ることも社長の責任なのである。

第7章

鬼の一倉、仏の一倉

鬼手仏心

ここまで読まれて、皆さんの多くは一倉先生のイメージは「鬼の一倉」でほぼ固まっていると思うし、直接教わった社長仲間が集まって「鬼倉会」という何とも恐れを知らない名称で、ＯＢの勉強会まで発足していたことも前に書いた通りである。

先生は先生で「鬼倉」と呼ばれていることを喜んでいたように思える不思議な関係が続くのであるから、「志を1つにする集まり」の強さを、今になって実感する。

「鬼手仏心」という四字熟語があるが、一倉先生の厳しい姿勢の中に「慈悲にみちたやさしい心」を感じた社長がたくさんいらっしゃったという証明だろう。講義や会社で怒鳴られた社長が今でも「あのとき、先生があれだけ本気で怒鳴ってくれていなかったら、ウチは今頃ないかもしれない」と話されるのであるから、その影響力には驚かされる。

一倉先生の、絶対に会社を潰してはいけないという使命感の強さが随所に表れていたエピソードには事欠かない。

◉新幹線がいきなり最重要な会議室へ

今も現役で頑張っておられ高収益グループを率いる社長Aさんも、30年以上前から一倉門下生である。あるとき、過去のこんな体験を話してくれたことがある。

得意先の倒産で不渡り手形をつかまされ、自社の存続も危ぶまれたとき、先生の自宅に慌てて電話を入れたそうである。

携帯のない時代だから連絡が取れただけでも幸運なのであるが、先生が「夕方の新幹線で大阪に向かうから、○○号車で待っている」「資料はこれとこれ」と指示を受け東京駅に向かった。そこから3時間、新幹線の中で緊急の資金手当て、当面の資金繰り予定表を作り、銀行対策、諸々の手の打ち方を指示され、新大阪で別れた。A社長はそのまま東京にとんぼ返りとなり、自宅に戻ったときは深夜を回っていたとのこと。

はじめての体験だったので不安で不安でしょうがなかったが、その後、電話で進捗を確認しながら指導、助言を繰り返し受け、何とか連鎖倒産を免れるメドが立つまで本当に親身にお世話していただいたことがある、と話してくれた。

また、長野に本社のある社長は一倉先生に定期的に会社で指導を受けていたが、前日の夕方、必ず新宿駅で待ち合わせ、社長の運転で、長野の自宅に向かうのが日課であった。翌日は指導が終わったら、やはり社長が自ら車を出し東京まで送った。

宿泊も社長の自宅で、先生用の部屋が用意されていて、食事も奥様も交え一緒にされていた。社長は「せっかく長野まで来ていただくのに、バスの時間がもったいない」「車の道中いろんな話ができるし、社内では話しづらいこともあるから」と言っておられた。

先生の立場を考えれば、ず～っと一緒で休めないし気も抜けないから、迷惑な話かと思っているとそうでもないらしい。逆に、「こういう熱心な社長が大好きだ」とおっしゃっておられたから、先生自身も仕事の虫なのである。

社長車というのは確かに2人だけの密室であり、邪魔も入らないし、建前抜きのホンネの話になってくる。事業経営に向かう姿勢は社長も真剣だが、一倉先生も真剣なのである。

ただ、この社長は「指導料は1日分だから、僕の場合は半額以下になるよね～」とちゃっかりしているのもご愛嬌である。

先生はそれも全てわかってニコニコしている。「仏の一倉」の一面である。

◉知らないことは手取り足取り教えるが、知ってやらないと

先ほどの手形事故のときもそうなのだが、資金繰り表の作り方を知らなくても、先生は怒鳴ったりすることはない。「知らない、わからないこと」は仕方がない。だから、社長、経理部長、先生と一緒になって、「作り方を指導しながら、数字を確認し、対策を考えてい

く」のが常であった。

その会社の一大事のときに「社長が自ら動かない」「経理や他の役員に任せる」。さらに、いろいろ策を考えているときに、「あれはできない」「これは無理だ」と実行する前からできない理由を口にすると、「仏」が一変し「鬼」に変わるのである。

それも瞬間に。

そのとき一番大切なのは、社長の姿勢である。M社長も一倉門下の優良企業オーナーであるが、会社での指導中、販売戦略の相談中に先生と社長の間でやり取りがあった。

先生のアドバイスは、「今お取引をしているお客様に別の商品を仕入れても、作ってもいいから売りなさい」「販売先をキチンと管理していて、たいしたものだ」というお褒めの言葉もあったくらいで上機嫌だったが、先生が一言「たとえば、〇〇〇なんかどう？」というのを聞いたM社長が発した語句が火をつけてしまった。

「先生、〇〇〇は粗利が低くて儲からないんですよ〜」と、冗談っぽく言ったところ、「バカヤロー」「たとえばで言っただけで、何もやりもしないでぐちゃぐちゃ言うな！」と雷が落ちた。そして、来社から1時間ぐらいしか経っていなかったが、「俺は帰る」と言い残して本当に帰ってしまったのである。

もちろん1日分の指導料は払っていたが、戻してとも言えず「困ったなぁ〜」と思ったが、社長の偉いところはここからである。

「何がお客様にとって必要か見にいってみよう」と気持ちを切り替え、一軒一軒お客様訪問を繰り返してみると、自社商品以外にいろんなものを頼まれて、できるところから納めに行ったら、また次の不満をぶつけられ宿題をもらってきた。

これがキッカケで、今では商圏内に2万社を超える得意先を持ち、毎年、相当額の利益を上げる超優良企業を経営されている。M社長は怒鳴られた後も、途中経過を先生に電話をして、「お陰様で儲かるようになりました」とお礼を言うと、自分があれだけ怒ったこともケロッと忘れ、「良かったね、良かったね」と自分ごとのように喜んでくれたのである。

どんなに怒られようとも、この社長のように、気持ちを切り替え素直に実行してみて、それから考え、またチャレンジしてみる。経営の神様と言われる社長であっても、当たり前だが全て成功しているわけではない。多くのチャレンジの中から繁盛のキッカケをつかみ事業を大きく伸ばしていくのである。

一倉先生は失敗して怒ることは決してなかったが、知っていても実行しなかったり、ととことんやらない、社員にやらせて評論する、こういう社長には容赦はしなかったのである。

◉我がことのように喜ぶ。社長からの報告

もうおわかりだと思うが一倉先生が鬼になるときは、社長が「社長としての責任」を果たしていないときであり、お客様のほうを向いていないときは手がつけられない状況になってしまう。決して仕事だからではなく、本気で怒っているのである。

沖縄で経営計画合宿をやっていたときのこと。先生をお誘いして5、6人で、レストランで昼ご飯にしようとなって座敷に上がったのである。私も同席していて、「ヤバイ！」と思ったがもう遅かった。

掘りごたつのような席で、座るためにテーブルに手を着いてそこに足を下ろそうとした瞬間、照明器具に先生が頭をぶつけてしまったのである。小さな蛍光灯のような電器製品だからケガもないし「痛て！」ぐらいの話だが……。

私に「おい、すぐに支配人を呼んで来い！」となってしまい、昼飯どころではなくなってしまった。途中はいろいろあったが、先生は「照明がこの高さだと、他のお客さんもぶつかるだろうから高くしろ」と言っているのである。

しかし、支配人は怒鳴られているのと、相手が毎年来ている一倉先生だから先生の機嫌取りに意識がいって、言い訳をして火に油を注いでしまったのである。先生はホテルのコンサルティングをやっているわけではないが、1人のお客さんの立場として「ここは危険

ですよ、直したほうがいいですよ」と言っているだけなのである。

指導先の社長に対しても、基本は同じである。お客様は大きな声を上げることもなく、あれが悪い、ここがダメだと言うこともなく再来店しないか、もう買わないだけで、売上不振の小さな原因は社長に届かない。

一倉先生はそれを仕事だからやっているわけではなく、純粋にお客様になり代わって声を出しているのである。だから、社長がその真意をくみ取って、社員を教育し、お店を直し、営業方法を工夫し売上、業績が回復していってほしいと思っているだけなのである。

ちょっとした気遣い、心配り、お客様の立場に立ったサービスに非常に敏感であり、前回の指導から良くなっていると我がことのように喜び、年計グラフで数字を見て、方向性が間違っていないことを確認するのである。

先生が鬼にならないと、社長はそうそう変われない。先生が仏になっているのは、業績がいいからではなくて、「お客様が満足しておられるから」であって、結果として数字が伸びているのである。先生への報告が上手な社長は、「お客様がどんな状況で、どう喜んでいただいたか」を事細かに話している。社員からの報告を受けただけでは詳しくは話せないから、現場で立ち会っていることは想像に難くない。

仏の一倉先生になる瞬間である。

誤解を受けやすかった「一倉社長学」

多くの社長の話を聞いていると、「ひょっとしたら一倉先生の考え方を誤解しているのでは」と思える場面が多々あった。

1つは社員教育に関しての考え方である。

日本経営合理化協会も社員教育のセミナーや実習訓練を、年間を通して実施している。ある社長から「先生が社員教育はダメって言っているから大変だね」とよく言われた。まだ、私も若かったから、先輩の社長に向かって、「それは違うよ！」とは言えなかった。

先生が話しているのをよく聞くと、「社員の教育は極めて大事」「環境整備などを通じて、しっかりした社員に育てなさい」「定期訪問でお客様に好かれる社員に育てなさい」「社長が社内にいて、いちいち指示を出すから幹部が育たない」「社長が外に出れば、幹部は育つ」等々、社員育成の話はあちこちにある。

それを社長がやらないで「社員教育セミナー」に派遣をして、社員が育つ、育たないと言っている社長自身の考え方自体が間違っていると言っているだけである。決して、勉強会やセミナーを否定しているわけでも何でもない。

もう1つ多かった誤解は、やっぱり社員に対しての考え方であった。

東京での一倉社長学セミナーでのことであった。午前10時に始まり、お昼になると1人の社長が「もう帰る」と言い出したので、理由を聞いてみた。

2日間の10時間コースの最初の2時間だしと引き留めてはみたが、「俺はああいう考え方は嫌いだ」「俺はもっと社員を信頼して大事にしているんだ」「あれじゃ、まるで社員不信論者だ」とまで言われたので、説得することも難しいと思いお帰りいただいた。

今となってはその社長が「会社でどんな経営をやっておられたか」を知る由もないが、多くの場合「社員の主体性」「ボトムアップの経営」「もっと経営者の立場になって」など良いイメージの経営論を話される方がいらっしゃるが、一倉社長学では、社長が考えなければならないことを「責任、権限のない社員に丸投げする無責任社長」ということになるのである。

業績が悪くなったときに、「社員の頑張りが足りない」「できるヤツがいない」と言ってみたり、目を掛けていた幹部が辞めれば「裏切られた」と社内外でいう社長は今でもいる。長年の一倉門下生であれば、先生が怒鳴り散らすまでもなく、社長仲間が「それはお前が間違ってる！」と皆で説教が始まるくらい、99％社長の責任論に落ち着くのである。

社長がこれまで考えやってきたことを、言下に否定されたり、考えたこともない論理で言われると真意を深く考えることなく、自分の人格を否定されたような錯覚に陥り、一倉非難をされた方もいらっしゃる。これればかりは、もったいないとは思うが致し方ないことである。

◉本当に社員のことを思えばこそ

『一倉定の社長学』に「第6巻　内部体勢の確立」と「第9巻　新・社長の姿勢」というのがある。その中に、「社長の人材待望論」をダメ出ししているくだりがあるが、ここも受け取り方によっては随分違った解釈になる。

「人材は教育でつくることはできず、もしいたら、やがては独立して会社を出てゆくのだ。だから会社の中には人材はいない」を表面的に取れば社員不信論となるが、いくつもの主張を組み合わせて紐解くと「社長が成長しなさい」ということになる。

そして、「社員には同地区モデル賃金の10％アップの給料を」という高賃金主義の話にまで結びつくのである。ただし、どんなに高収益になっても、高すぎる賃金への警告も忘れてはいない。「30年も40年も前の時代と今では違うよ」と言われるかもしれないが、人間の本質がそんなに短期間で変わることはない。

若い時期に高収入を得てしまうと、車がよくなったり、高級時計に、洋服に遊興費にと、だんだん固定費の高い生活に慣れてしまうのが人間の常である。会社も好調時ばかりでないことはベテラン社長なら体験済みだが、若い社長は自分だけは特別だと錯覚して、社長自らが派手な生活をし、部下も社長を見習うようになる。

本当に立派な社長は、本社や社長室にお金をかけず、最新設備や研究開発に資金を回し、将来の不況に備え内部留保を厚くしていく。そうして、かつての功労者を切ることなく、「長く社員の雇用を守る」こと。また、「社員の第二の人生」までも、社長が考えるように指導しておられた。

人間の本性に光を当て、社員の本当の幸せまでを考えた一倉先生の仏性の一面だと考えている。

◉原理原則を活かすも殺すも社長次第

もう1つの大きな誤解は、企業規模が大きくなったら一倉社長学は通用しないと勘違いしている社長がいたことである。

どうしても「郵便ポストが赤いのも、電信柱が高いのも社長の責任」の言葉が独り歩きしてしまい、全てが社長の責任と言われてしまっては、事業規模が大きくなったら全部に目が届かないし、社長1人では無理と思い込むようであった。

しかしながら、20年、30年と一倉イズムで経営し、一代で1部上場企業に育て上げられた社長もたくさんいらっしゃるし、今、改めて一倉組織論を読み返してみても納得することばかりであり、原理原則の大切さを痛感するばかりである。

たとえば、人事の定期異動ひとつ取ってみても、実際には中小企業のほうができていなくて組織の硬直化が進み、部門利益責任という考え方自体の間違いや、事業部制の問題点、職務分掌主義の弊害など、今日の大企業でも直面している課題への提言が時代を超えてなされている。

ワンマン経営は一般的に、独裁者的な社長が好き勝手にやっているというようなイメージで報道されていて、多くの社員もそう信じているかもしれないが、これも大いなる誤解である。事実、ワンマンであるかもしれないが、国内企業で通信分野、電子部品、工作機械、アパレル、自動車など世界で戦える企業を率いている同族オーナーはたくさんいるのである。

また、同族、ファミリー企業の会社のほうが高い利益率であるとの専門家の統計調査や研究論文も発表されている。

ただし、各社各様で個性的な経営スタイルを貫いていて、一倉先生が指摘しているように「組織に定型はない」を実証している。しかしながら、「定型はなくとも原理はある」として、社長の強力なリーダーシップのもと「正しい組織原理」の実践を求めるのである。

それゆえに、「社長業がこんなに苦しいものだとは思わなかった」と先生に打ち明けた社長もいたが、その社長にとっては業績好調であるから「一倉先生は仏」であり、その苦しさから逃れようと「耳にやさしいマネジメント論」に頼ろうとする社長には、まさに鬼に思えるのである。

「良薬口に苦し」とはよく言ったものである。

一倉先生の主義主張は時代を超えても変わらない。受け取る社長によって、先生は「鬼」にもなれば、「仏」にもなるのである。

第8章

先代創業者から後継社長へ、一倉イズムの承継

先代創業者と後継社長の埋まらない溝

一倉先生の著書の中でも「後継者問題」に関しては、親子、親族の情においては息子さんに引き継がせたいのは理解するが、経営者としての能力、力量の問題だけは譲れないと、至極真っ当な見解があるだけで多くを語っていない。

時代が昭和であろうと平成、令和であろうと、オーナー社長が事業を起こした以上、永遠に避けることのできない難事業として、また最後の社長の仕事として正面から対峙しなければならない問題として決断を下さなければならない。

父親から長男へと何の問題もなく事業承継がなされる会社は実は多いと思っている。子供のときから家族の毎日の会話は会社のことばかり。社員の問題、お金の問題などを、父親が家族相手に延々と話す姿が目に焼きついている後継社長も多いと思う。

自然といつかは父親の後を継ぐ気で、「それ以外は考えたことがない」という長男もいる。仕事ができる、できないは別にして「覚悟」だけはしっかりしているのである。

乱暴な意見かもしれないが、覚悟さえブレなければ子息を後継者にするほうが良いと思っている。覚悟を持っていれば、奢ることなく真面目に一生懸命仕事をし、勉強すれば、そうは道を外れることはないはずだ。私は多くの後継社長を10年も20年も見続けているが、皆立派に経営している。

問題は、子息が社長として後を継ぎたいと思っているのかどうか。また、父親の人格を嫌っていないかどうかである。もし、そこに感情的なもつれがあり、「親子問題」を抱えている場合はなかなか厄介なことになる。

もう1つは覚悟なく、社長を継いでしまった場合である。失礼ながらこれは問題外である。ただし、何かの事件をきっかけに、本人が見栄を捨て、本気で取り組めば取り返しがつくものである。見栄、虚栄心というものは、経営にとって何の意味もない。お客様にとっては見栄、虚栄心のような全く価値のないものを捨てきれれば、お客様の信頼を勝ち得て活路は開ける。

残っている幹部や社員も、跡取り息子が本気で社長業に取り組んでくれることを内心待ち望んでいるというのが実際のところなのである。

なかなか厄介な親子関係は、経営問題というよりは家庭問題であることが多い。実際に話を聞く機会もあり、「先代をどう思っているか」と尋ねてみると、「経営者としては凄いと思っているし、尊敬もしている」という答えが返ってくる。ただし、父親としては「嫌い」「許せない」という感情が全面に出て根深いものがある。

父親が創業者であればなおさらであるが、個性は強いし、家で一緒に晩ご飯を食べたことがほとんどないはずだ。接待で深酒はするし、休日はゴルフ、育児にかかわったことがない。学校も母親任せで、家庭によっては母親も共働きで、さみしい幼少期を過ごしていた子息も数多くいる。

少しステレオタイプかもしれないが、どこも同じような父親像、家庭環境だと思う。暴力的な父親もいれば、子供として頑張っているのにダメ出しする父親、子供の唯一の理解者である母親を悲しませることを繰り返すヤツが、父親なのである。それでいて商売は上手いし、外に対しては立派な社長として振る舞っているのが子供心に許せない、そんな構図になっている。

◉事業承継の橋渡し役

正解となる解決策はないし、過去30年、40年の親子としての積み重ねでもあるし、今さらどっちが良い悪いと言っても始まらないのである。

親子が会社で直接ぶつかれば、業績どころではなくなる。互いの感情が全面に出て、社内では誰も止められない状態になる。

あるとき、旧知の社長から電話が入った。

「工場を新設しなきゃいけないが、1度相談に乗ってもらえないか」という内容だった。約束の日に朝から会社内を案内してもらって、息子を紹介されたのだが、初対面でも社長と息子がしっくりいっていないことは感じ取れた。

確かに工場は古くはなっていたが、今すぐ建て直すほどではない旨を伝え、「環境整備、5Sの徹底をまずやらないと」という結論で着地したが、真の狙いはそこからだった。毎月来たときに、「3人でいろいろ話す時間を取ってくれ」ということになり、工場問題はそこそこに親子間の会話の仲介役みたいなことになってしまった。

互いに遠慮があるのか、ケンカになるのが嫌なのか、社長から「息子にこう言っといてくれ」と頼まれたり、「息子はどう思ってるのかな〜」と気持ちを聞き出してほしいとお願いされたり、最初は不思議に思っていた。

この会社の親子だけではなく、思った以上に親子で本音丸出しの意思疎通がないのが普通なのかもしれない。父親は遠慮し、息子は父親からいちいち細かく指示されたくないし、意見を否定されると経営者として失格の烙印を押されたような気になる。

ましてや、息子の心の奥底では、「自分のほうが父親より仕事ができる、見返してやりたい」と、対抗心というよりは敵愾心で臨んでいたのである。一方、父親も父親で、息子を頼むという意味で人を呼んでおきながら、「まだまだ息子には負けない」「俺のほうが商売のことはわかっている」とばかりに息子にダメ出しをするのである。

それでも第三者が間にいるだけで直接対決は避けられるし、揉め出すと息子に苦言を呈することもできる。

親子の間に入る人物が年齢的に息子の上、オヤジの下であればちょうどいい。利害関係のない第三者、できれば人格者、さらに欲を言えばお金に困っていない人が最高である。人が動けば費用が発生するが、その費用がその人にとって大事な金額に相当すれば、その人だって自分の信じる道を言わなくなる。お金がある人はお金になびかない。

◉親子で意見が対立、それは当たり前

そもそも親子は30歳ぐらいの世代差があるのだから、2人の価値観、意見が一致するほうが不思議なのである。

先の親子であれば、会長になった先代は一倉先生に直に接した世代であり、日本中インフレ、高度経済成長の時代に30代、40代を過ごしている。一方、数年前に社長に就任した息子は社会人としてスタートしてすぐにバブル崩壊に直面した。１９９１（平成３）年３月から崩壊の予兆が表れて、１９９３（平成５）年10月頃までに景気は大幅に後退したの

である。

息子は結局、バブルの恩恵を享受することなくデフレ市場の中で仕事をして、後継者として実家の商売を継ぐために戻ってきたのである。会長は、基本的にはイケイケドンドン売上至上主義。現社長は慎重に手堅くキャッシュフロー経営に徹するから、自ずと意見は対立するのである。

根本的には「いい会社にしたい」という目的は一緒であっても、アプローチの仕方がインフレ体験とデフレ体験だから真逆であり、会長は成功体験が強烈だから「環境が変わったんだ」と言っても納得してくれないのである。

息子から「会長、その考え方は古いんだよ」と言われようものなら、会長は論理を超えて「経営はそんなもんじゃないんだ！」と理屈にならない理屈を言い返す。もちろん不易流行の言葉通り、経営の変わらないところもたくさんあるが、ここ10年、20年のインターネットの急速な浸透や技術革新、金融情勢、社員の仕事に対する意識、何よりもお客様の価値観の変化など外部環境の変化は過去の比ではない。

「経営は変転する外部環境に合わせて会社を作り変え続ける」という一倉先生の教えに従えば、残念ながら息子さんに軍配が上がることも多い。そのときに、私が一番気にしているることは「お客様の視点」から考えて間違っていないかどうか、という点である。しかし、これさえも仮説でしかない。

実際に新しいことをやってみてお客様に買っていただいて売上利益が伸びれば正解。伸びなければ失敗、再挑戦である。だから、会長にも現社長にも、「とにかく小さくやってみて結果を見て判断しましょう」と両者の勝負なしにもっていき、審判はお客様にお願いするのである。

一倉先生の考え方の根幹は、「会社の支配者は株主でもなければ社長でも会長でもない」「お客様が会社の支配者である」、この1点である。

これさえ共有できれば、多くの問題は枝葉の問題となってしまうのである。

◉社長リレーのバトンゾーンは5年から10年

「社長業は決断業である」と先輩経営者が口を揃えるし、一倉先生も決断の重要性を説いているのであれば、「後継者として決断する状況に追い込まなければ」後継教育にならない。

K社長のバトンタッチの手腕は見事だった。後継候補は子供が娘だけであったので、長女になってしまった。彼女もその気だったので問題はなかったが、まだまだ男社会の業界で跡を取っていくのは大変なことだった。社長からの命令は、「大阪に行って店を作ってこい」という乱暴なものだった。確かに、これを乗り越えられなければ、その先はない。

東京から大阪に行って、ゼロから拠点を築くのは並大抵ではない。気力体力の充実した若い時期でなければできない。若い時分から仕事で鍛えられて、現業の仕事はドンドンやっていくが、社長が考えていたことはもう一段厳しいものであった。

ここからが本当の後継教育だったのである。似たような業種の小さな会社をいきなりM&Aしてきたのである。2年くらいは前任のオーナー社長が、「社長」として経営を任されてきたが、娘の父親である社長は娘を呼んできて「お前が行って、会社を黒字にして来い」という命令だった。

グループ会社といえども社長である。経営の勉強もやってはいたが、代表取締役社長の名刺、肩書は重みが違う。一国一城の主として、店舗にも、人事にも、仕入先、商品構成、そして資金にも目を配らなければならない。一緒に着任した社員は、将来の幹部候補生1人だけである。

さすがに最初の1年目は苦労の連続で、少し泣きが入っていたが、もともと負けん気は人一倍強いし、何より覚悟があるので少々の失敗ではへこたれない。社長として経営上の問題を決断すれば、すぐに業績、社員の行動という形で結果が帰ってくる。2年目の途中あたりから、言い訳をしなくなってきたのに正直驚いたのを覚えている。

やはり、「椅子が人を育てる」のだと確信するとともに、父親の厳しさとともに凄さをしみじみ感じたのである。あっという間に3年が過ぎ黒字基調、4年目も順調に決算を締めたところで、本体に戻ってきたのである。戻ってからの肩書は、「専務取締役」。本社の後継準備を2年経て、社長に就任した。

経営は、全て結果である。どんなに理にかなった方法を採ろうとも、利益が出なければ事業継続できない。自分の決断で利益が出ることが、後継者にとって最大の自信になる。社員の見る目も、実績を上げて戻ってくると、ガラリと変わって信頼を置くようになる。

事業承継に5年から10年かけるとは長いように思えるが、実際にはあっという間の10年だった。年配の経営者であれば体験済みだと思う。55歳から始めても65歳、60歳から始めれば70歳になってしまう。

その間に、嫌なことから逃げない。失敗があっても他人のせいにしない。奢らない。金の使い方が後継者としてふさわしいか、しっかり見ておいていただきたいのである。小さくても一国を任せるのは、勇気が要るが最高の教育だと思う。一国を経営することは大企業のナンバー2を務めるより個人的には遥かにタフな修養の場となる。

事業経営の根幹は変わらない
～お客様第一と社員第一～

極まれに意地悪な質問が来る。

「お客様第一と社員第一。どちらが優先順位が高いですか」

確かに、書店に行けば「お客様第一」関連の本は溢れているし、社員満足関連や「社員第一、お客様第二主義」というインパクト大のタイトルの書籍まである。どちらを読んでも納得してしまうので、社長が迷って、誰かに聞きたくなるのもよくわかるが答えは明確である。

私はモノゴトを考える際に、極端な状況を想定して原点を考えるようにしている。社長が1人で起業し商売を始めたとすると「最初のお客様」が全ての始まりである。たとえば、5人で起業しても「最初のお客様にお買い求めいただかなければ」経営は継続できないのである。どんなことがあっても、「お客様が第一」である。

ずるいと言われるかもしれないが、「顧客基盤がある程度固まり始めたところで、社員の大切さが頭を持ち上げてくるので社員第一を考えるのは経営が安定してからです」と答えるようにしている。

そして、社員数が10名を超え20名近くになり始めたら、もう社長1人でお客様への対応も仕事全部も見切れるわけはなく、社員への責任が急激に重くなってくると理解している。そうすると、最初のような質問になるのであるが、ここで1つ確認しておかなければならないことがある。

「我社のお客様の定義」の再確認である。お客様という言葉は絶対的な重みを持っているが、経営計画書の中でお客様定義を明確に打ち出している会社はまれである。超富裕層向けの金融サービスをしているような特殊な仕事では「資産〇〇億以上〜」という表記が見られるものの、普通の中小企業では文章で表記することはない。

その分、価格帯などで顧客セグメントをする場合は多い。また、社内の共通認識で何となくお客様のイメージを持っているのが実情である。

「社員第一」で迷われた社長の会社でこんなことがあった。

ある施設にテナントで店舗を出していて、大繁盛とまでは言わないが堅調に売上は出ていた。ところが、異動でテナント施設の責任者が代わってしまい、その後、状況は一変したのである。

何かにつけ執拗なクレームが来るのである。この会社の社長は一倉門下であり、経営理念に「お客様第一」を掲げているほどである。そのため、そのつど対応していたのだが、状況は一向に変わらないのである。ほんの些細なことでも大騒ぎだし、そのうちアルバイトスタッフが辞めだしたのである。

店長は随分頑張ったのだが、半分ノイローゼ気味になってしまい、店長から辞表が提出される始末だった。そこで、社長が最終決断を下すに至った。これまでは、一倉先生の「お客様第一」を前面に押し出して業績を伸ばしてきただけに、社長方針を自分で覆すようにも思われた。

経営理念の2行目にある「社員の物心両面の幸福を実現させる」に照らし合わせて、テナント退店を決めたのである。売上利益の面から見れば正直もったいないが、当然の判断だと思うし、逆に他の顧客基盤がしっかりしていて財務も安定していればこその決断でもある。

社員の自尊心、さらに健康まで犠牲にして、事業を伸ばして何の意味があるかということである。営業マンにしても、営業部長にしても、目標数字は高いし目標達成に対するプレッシャーもあるから、注文があれば誰にだって売りたくなるし、新規開拓ノルマだってあるのが現実である。

だからこそ、お客様にしてはいけない定義（未訪問、訪問禁止、取引不可）を明確にしておけば、お客様になっていただいている方々の優先順位は当然「第一」であり、全社員にはそのことを徹底しておくべきである。

加えて、社長が「社員第一」と思っていても、この言葉をいったん公で使うと、社員の中には勘違いする社員もいて、けっこうリスクが高くなる恐れがあると思っている。相当に社員教育をしても「人間は自己中にできている」から、社長が「お客様第一」と叫び続けながら、心の中で「社員が一番大切なんだ」と手を合わせているくらいがちょうどバランスが取れているのではと考えている。

◉どんな時代になっても「信用第一」

「経営は生きた総合芸術である」とは、松下幸之助氏の経営観として今日に語り継がれている。しかし、人間を探求し続けた経営の神様の心の内は知る由もない。

「総合」であるだけに、どれも重要で1つとして欠けてはいけないのであるが、最後の最後に残るものは何だろうか。松下幸之助氏と戦後すぐから一緒に仕事をし、松下電送（当時）の社長を務め、今も現役で仕事をしておられる「木野親之先生」とご縁をいただき、生前直に幸之助翁に接した神様の話をインタビューさせていただきCDを制作したことがある。

松下経営史の中でも、特に有名な熱海会談に向かった松下幸之助氏を東京駅で見送ったときも、木野社長が同伴されたようで、「そのときの覚悟の一言」も伺ったが、お客様である当時の販売店様を思う心はオーナー経営者にしかできない腹のくくり方だと感じ入った。

木野先生も齢90を超え、今も当時のことを鮮明に語られるのも、それだけ人生を賭けたギリギリの決断だったんだろうと想像するしかない。3日間の紛糾した熱海会談の最後の最後に、「松下会長が言うなら」と全得意先が賛同したのも、「一個人の信用」が全ての根源だと思うのである。

なぜここで急に松下幸之助氏のことが出てくるのか、不思議に思われる社長もいるかもしれないが、一倉先生の書籍を読んでいるとピーター・ドラッカーとともに松下幸之助の研究を相当にされていたと思える節がたくさんあるのである。現実の経営現場でひたすら業績向上を念じ、試行錯誤を重ねれば、規模の大小、洋の東西を問わず同じような結論になるのかもしれない。

お客様であっても、仕入先様であっても、社員であっても、「社長一個人」が信用を失ってしまえば、心ある人は誰もついていかない。

「言行一致」、それも会社の存続が懸かるような状況下での社長の決断、言行一致こそが信用の大本である。

◉活き金を使える社長になる

会社の存続を懸けた決断をしなくていいように、常日頃から経営するのが社長にとって大事なことになるが、その中で信用を築き上げることは簡単ではない。

ましてや後継社長は先代の信用の上で仕事をしてきているから、自分の代で再構築をしていかなければならないし、嫌でも先代と比較されて苦悩しているはずである。経営も一生懸命やらなければ業績を維持できない中で、社員も取引先様も何に注目しているかを観察していて気づいたことがある。

それは、お金と時間の使い方である。

お金も時間も経営にとって貴重な資源だが、毎日忙しく仕事していてそんなことを考えて生活している社長はそんなに多くいない。普通にお金も時間も消費しているだけに、「そこに本来の自分」「もしくは意識して行動している自分」が出てくると分析している。素の自分ではなく、意識して行動し、それが習慣化すれば、それは凄い力になる。習慣は第2の天性という先哲の言葉もあるくらいだ。

ではどういうお金の使い方をしているか。基本は自分にお金を使う、人にお金を使う、の組み合わせである。両方お金を使えば、すぐになくなってしまうし、そんなに大きなお金を使う必要もない。後継者で人のために、小さなお金を使っているのを見ていると将来が楽しみになる。

困っているときの支援であったり、地域のためであったり、日頃の感謝の気持ちであったり、応援している後輩のためだったり、活き金といわれるお金を何気なく、目立たず、す〜っと出せるようになりたいものである。

「活き金」の定義は極めて俗人的で決定打がないのだが、先輩経営者の中から尊敬できる人に素直に聞いて、その使い方をマネするのが一番近道だと思っている。「活き金」を「粋金」として使える先輩は絶対に身近にいるはずである。

そのときに、誰に使ってはいけないかも教わることが大事だと思っている。別に見返りは期待してもいないが、使ってはダメな人に使えば「死に金」になってしまい、自分の運気まで下がってしまう。お金にすり寄ってくる人はいつの世もいるし、最後は金の切れ目が縁の切れ目になるのは誰の目から見ても明らかなのに、後継社長に驕りが出てしまうと自分自身が見えなくなってくる。

時間だって全く同じことである。人は見ていないようで、人のことはよく見ているし、微妙な機微まで感じているし、思った以上に正しい判断を下している。

先代もしくは先々代が活き金を使ったり、本当に大変なときに親身に相談に乗ってあげたり、経営のピンチのときに支援したことが、世代を超えて自分の窮地を救ってくれたというエピソードは平成、令和の時代になってもよく見聞きすることである。

会社の信用は、社員一人ひとりの行動で形作られるが、社員の行動も社長の人生哲学が鏡となって表に出てくるのであり、「会社のらしさ」「社風」を形成していくのだと思う。

そうして、お客様だけでなく社員にも社会にも必要とされる存在となれば、後継社長も、会社も長い命を保つことができるのである。

やっぱり99%、社長の責任

日本は世界に類を見ないほど、長寿企業が多いと言われている。200年以上の社歴を持つ同族企業の集まりである、世界的に有名なエノキアン協会のメンバーにも日本企業は8社（世界で47社）加盟している。有名な和菓子の虎屋、清酒の月桂冠、メンバー最古の法師温泉に至っては1300年余の歴史を持つほどである。

創業300年を超えるだけでも、江戸時代を終え、明治の動乱を乗り越え、戦禍の中から復活して今日の隆盛を実現しなければならないのである。その長く繁盛する秘訣は、同族、ファミリービジネスに徹するとともに、皆さん一様に「時代時代に合わせて革新し続ける大切さ」を説いておられる。

では、その革新の内容は具体的に何をすることだろうか。

先代から後継社長、自分の代に替わって実際に社長として直接経営する時間は20年～25年、30年もあるかもしれないがそこまで長い人はそう多くはいない。65歳～70歳前後を自分の次の後継時期とするからである。

その間に「商品・事業」「お客様」「幹部」この3つを自分の代で付け加えるか、入れ替えていくことが革新だと思い、若い後継社長に会うたびに言い続けている。

全国的に有名なカステラを製造販売している老舗社長が、「商品」が圧倒的な競争力を持っているので、主力商品の品質を素材の段階から磨き続けつつ、次の主力商品を育てることに人生を賭けているのである。

強力な商品を持っていることは大変な強みであり祖先に感謝しつつも、「最大の弱点」であることをよく知っているからこその経営判断なのである。

今どんなに好調な事業でも、売れている商品でも、消費環境は変わりやすく、ライバルの参入、業界の規制ルールの変更さえ起きる。油断せずに、自分たちの時代を支える商品開発、事業創造こそが第1の革新である。

それにともない「新しいお客様」の創造が第2の革新となる。

一般の消費者をお客様にしている事業では、お客様の生涯価値の最大化を図るために、離脱率をはじめ、さまざまな指標で管理し、固定化にまい進するが、新規開拓を怠れば業績は必ず低迷してしまう。

法人をお客様にしているならば、自社の主力技術をヨコ展開し、他業種に新規を求め、海外の法人取引を狙いリスク分散を図りつつ、自社の競争力を世界レベルに上げていかなければならない。それと同時に、既存法人顧客内の新しい発注担当者の獲得に全力を注ぎ、自分の代の顧客基盤を築くことである。

法人顧客といえども、社内の一個人が最終的に決定し、発注権限を握っているのである。定年もあれば人事異動もある。新規引き継ぎ、継続取引の営業努力を怠れば、ライバル企業に塩を送るようなものである。

主力の得意先を訪問し、相手の担当者および上司、役員から、「会長、元気?」と聞かれなくなったら、お客様も自分の代に替わったと思ってもらえばいい。

最後、3番目が「自分の幹部が揃う」である。

会社組織は社歴が長ければ当然、役員クラスは、後継社長より年上の人たちが多くいる。父親から子息への社長交代であれば一気に25歳、30歳と社長は若返ることができるが、役員クラスも一気にというわけにはいかない。皆、生活が懸かっているし、会社も戦力が一気に下がる危険性があるからだ。

「忠臣は二君に仕えず」という中国故事があるが、特に創業社長とともに今日の繁栄を支えてきた幹部には今でも当てはまるのではないか、と考えている。何といっても創業初期から苦楽をともにしている幹部は、将来どうなるか見えない中で、創業者の無茶苦茶な要求を何とかこなし、スタートは安い給料で頑張ってここまで来たのである。

今でこそ、皆、いい車に乗り、立派な家を建てて、それなりにしているが、先見の明があったわけでもなく、会社に入ったというより、とにかく社長が好きでついてきた人がほとんどだと思う。まさに忠臣である。苦労も他の社員の何倍もしている。

だからこそ後継社長は、忠臣を大事にしなければならないが、彼らの心の中にあるのは先代との思い出であり、その心を塗り替えていくことは正直難しい。自分の時代の忠臣は、社長に就任する5年も10年も前から、現場で苦楽をともにした同僚、部下の中から見極め育て、引き上げていかなければならないのである。

この3つの重要事をやり遂げることが会社を継ぐ、暖簾を引き継ぐ革新の中身だと思っている。誰もやってくれないし後継社長自ら意識し手を打ち続けなければ実現できない。

そして、最後に金融機関の方々が、後継社長といろいろな交渉をする中で、ここでも

「会長はお元気ですか?」と聞かれないようになったら自分の代に移行した証しである。

◉逆境に直面、そのときの後継社長の言葉と態度と行動

この3つの革新をやり遂げることはとても難しいことだ。どれをとっても極めて難しい難事業である。後継社長だからといって簡単にできる訳ではない。

だから私は後継社長に「1・5次創業」という言葉をよく使っている。創業者は確かに「0」→「1」を成し遂げ、経営基盤をつくってくれたが、後継社長は現業を守りながら、さらにその上に自分の事業を積み上げて発展させなければならないという宿命を持っている。

会社に入る前から決まっていることだし、ほぼ確定未来だから、これが後継社長本人に見えていないようでは先行きが心配になる。社長本来の難しい仕事であるから一刻も早く着手しなければならないし、全部が首尾よく成功するわけでもないから、あきらめずに何度でも挑戦し続けなければならない。

若い時期から社内外の多くの人が自分に協力していろいろやってくれたと思っても、先代の影が見えるからの所業であることが大半である。自分でやり始めてみて、壁にぶつかったり失敗したとき、うまくいかなかった理由、原因を他人のせいにしたり、言い訳したり、

怒鳴ったりしても何も解決しない。

命令では社員は本気で動かない。強く命令すればするほど、人心が離れていくだけである。『貞観政要』にある「守成は創業より難し」はまさにその通りだと思うが、変化のゆっくりしていた唐の時代より、グローバル化し、情報革命が起きている現代のほうがはるかに「守成」が難しい時代だと認識している。

一倉イズムの継承といっても、経営手法は時代とともに変化し進化するから、大切ではあるが、決め手にはならない。一番引き継がなければならないのは、「起きることは全て社長の責任」という覚悟であり、「自分以外は全てお客様である」という地動説の経営観である。

◉経営者から教育者へ

後継社長が全社の指揮を執り始めると、会長の立場からの発言が極めて難しくなるし、現場からすれば二頭政治になってしまうことが一番困るのである。

社長も困るが、社長の頭越しに指示命令が来ると、古参幹部や中堅幹部はもっと困って板挟みになり、身動きが取れなくなってしまう。会社のことは少し社長に任せ、細かいことには目をつぶり、いろいろな会長の生き方を参考にこれからの人生をデザインしていただきたい。

趣味を極める人、公職、業界活動の人、新しく新事業に挑む人、地域の後輩社長の面倒を見る人、宗教活動の人、旅行三昧の人など、元々のめり込みやすい性格だし、お金は使えるからライフワークと言えるまで高めていただきたいのである。

ただし、結局のところ会社のことが頭から離れないので2つのことをお願いしている。先日、80歳を迎えた会長には「会長の一代記」を書き残しておいてください、とお願いしたばかりである。

会長も二代目で、今は同じ敷地内に家を建てた長男が立派に三代目として会社を盛り立てているが、孫である四代目には、お爺ちゃんとしては接していても、大先輩の凄腕経営者としての顔は見せていない。

だからこそ会社の歴史の社史ではなく、一経営者として、数十年の間に起こった良いこと悪いこと、そのとき助けてくれた人、逆に裏切った人、また自分自身がどう考え、行動し上手くいったこと、失敗したことをノートに書き残して、生きた経営の教科書を残していただきたいのである。

ひょっとしたら、自分の子供である三代目が、晩年ピンチを迎えたときに読んで窮地を脱するかもしれないし、そんな目に遭わないかもしれない。

ただよく聞くのは、「もっとオヤジと経営について腹を割って話しておけばよかった」という後継社長の言葉である。その意味でも、会長の経営ノートは子孫への最大の財産になっていく。

それとともに、会長直々の「若手社員の教育機会」を設けることである。中小企業は少ない人数で仕事を回しているので、思った以上に時間がないし、地方に行けば全員車通勤で先輩後輩のコミュニケーションも希薄になっている。

その結果、特に若手社員は会社の創業時の話や、事業の転換点、経営危機、会社にとっての大恩人など知っておかなければならないことを聞く機会もないし、自ら調べることは絶対にない。それとともに社会人としての心構えや姿勢を会長の口を通して教育していただきたいと思っている。

会社が大きくても小さくても、社員が自社の名刺を持ってお客様に会えば、お客様は一社員を通して我社の姿勢を判断するのである。

社員教育は時間と手間と忍耐力が必要なことは誰もが認めることであるが、最も大切なことは会社を一番愛している人が教官を務めなければならないことだ。

一倉先生の教育論も経営計画書と社長自らが教育することを説いている。

会長、社長以上に我社を愛している人はこの世にいないと確信している。

あとがき　～我が生涯の師を持つ～

一倉先生には、冗談が通じなかった。

真っすぐな性格で、社長教育一筋、仕事一筋で贅沢な遊びも全くなかった。仕事以外といえば、ゴルフが唯一の楽しみくらいだったと思う。

あるとき「先生、そんなに仕事ばかりしてないで箱根でも行って温泉でゆっくりされたら」と言ったことがある。晩年の頃である。

先生の答えが面白かった。

「冗談じゃない。あんな所へ行ったら、サービスの悪さが気になって文句言いたくなる」

「ちっとも休みになんかなるか！」

「家で原稿でも書いているほうがよっぽどいい」と。

30年以上前になると思うが、経営計画の合宿をバンクーバーで行い、その帰りの飛行機で先生の隣に座らされた。先生がお酒でも飲んで寝てくれたら、私も寝れると考え勧めたが、原稿用紙を取り出し執筆を始めてしまった。成田まで遠かった。

何事も真正面から向きあうから、冗談が理解できないのかもしれない。

こんなこともあった。済州島で合宿をやっていたとき、ホテルのプールサイドでパーティーを開くことになった。ちょうど中間の休日でお昼である。酒の勢いもあって、社長たちが仲間をプールに投げ飛ばし始めたのである。

他のお客さんたちも見ていて大笑いになったが、そのうち社長連中が冗談で「先生も落としてしまえ」とひそひそ話を始めたのが耳に入って大剣幕。その場でこっぴどく叱られた。誰も本気でやろうなんて思ってもいないが、先生だけは大真面目。全て直球勝負なのである。後で、皆でさらに大笑いになった。

なんでもそうかもしれないが、策を弄することなく、表裏なく、信念をもって大真面目にやる人は人から愛される。若造が大先生を評論するのは僭越だが、一倉先生の魅力の根源は、この愚直なまでの真面目さだったと今になって改めて思う。

実際に仕事以外で食事をしているときも、ゴルフのときも、お客様目線で不備に気づくと、我慢ならないのである。すぐに支配人、社長を呼べと、怒りだして説教が始まってしまう。指導料がもらえる訳でもないのにと、こっちは思ってしまうが、先生は大真面目で指導してしまうのである。もう職業病である。

社長も支配人も一倉先生を知らないから、「なんだ、このクレーマーおじさん」くらいの気持ちだから、お供のこっちはおろおろするのである。先生にはサービスを良くしなければば「潰れるぞ！」という純粋な思いしかないから、本気なのである。そこには業に徹する凄味があった。

社長人生の早い時期に「こんな師匠」に出会えた人は幸せだとつくづく思う。

多くの社長から「噂には聞いていたが、もっと早く聞いていれば失敗しなかったのに」とか、「今まで俺は全部反対のことをやっていた」とか、いろいろな声を聞いてきた。そして今でも、「判断に迷ったときに一倉先生の本を開くと、答えが1行目からぱっと飛び込んでくる」という社長もいらっしゃる。

事業経営は日々刻々とカタチを変えて、社長に決断を迫ってくる。社長は「欲」と「恐怖」の狭間で決断し行動し、社員に実行させ続けることが宿命である。

現役社長として重責を担っている人、これから社長になる人は、自分自身の思考の原点、事業経営の中心軸、人間学を早い時期に固めていくことが「強い社長になる」王道だと思うのである。

「勉強」「実体験」「半確信」「再勉強」「実体験と再現」「確信」の繰り返しが、一見遠回りに見えるが、一番の近道だと確信している。

禅語に「冷暖自知」とある。知ってはいても体験してみないと本当のところはわからないし、納得できないことばかりだと思っている。身体で覚えたものは忘れないが、全てを体験できるわけでもないし、窮地の体験はできればしたくないのが本心である。

だからこそ、先人の知恵が役に立つのである。中国古典を紐解いても人間の犯す過ちは今も変わらないし、大成功を遂げた経営者が晩年全てを失う今日の姿も変わらない。また、その教訓を我がものとし、経営者人生を全うする知恵者も多い。

どうか自分自身の師匠に「書」と「実際に相談できる人物」として出会ってほしい。

20歳のときにこの世界を垣間見て、最初の師匠が日本経営合理化協会の創業者であり、現会長の牟田學であった。

後に一倉定、高島陽、井上和弘、東川鷹年、小林剛、大竹愼一、佐藤肇各氏をはじめ各界一流の師匠にご縁をいただき多くを学ばせていただいた。

本当に感謝の気持ちでいっぱいであるとともに、浅学非才の私に無理難問を押し付けてくる全国の会長、後継社長に修養の場を与えていただいたことを光栄に存じます。

ありがとうございます。そして、これからもよろしくお願いいたします。

2019年9月

作間信司

著者略歴

作間信司

（さくましんじ）

日本経営合理化協会専務理事

1959年生まれ。山口県出身。1981年、明治大学経営学部卒業後、大手インテリア会社にて販売戦略など実務経験を積んだ後、1983年、日本経営合理化協会入協。事業の企画・立案を担当するかたわら、会長牟田學の薫陶を受け、全国の中堅・中小企業の経営相談に携わる。以来20余年の豊富な指導経験からオーナー経営者との親交も非常に深く、その親身のコンサルティングに多くの社長が全幅の信頼を寄せる。メーカー・商社・小売・サービス業など、現在まで300余社を指導する気鋭のコンサルタント。
協会主催の社長塾「地球の会」「事業発展計画書作成合宿セミナー」などの講師を歴任し、現在「佐藤塾 ～長期計画～」副塾長、「JMCA幹部塾」塾長を務める。田中道信氏の「会長業の実務と心得（CD）」の聞き手、社長のための“声”の経営情報誌「月刊CD経営塾」の番組ナビゲーターとして活躍中。執筆中の協会のメルマガ、社長のための経営コラム「経営無形庵」も好評。
共著「事業発展計画書の作り方」、解説「執念の経営」。

「伝説の経営コンサルタント
一倉定の社長学」
特設サイト

https://www.jmca.jp/pre01/

伝説の経営コンサルタント
一倉定の社長学

2019年12月3日 第一刷発行
2020年11月22日 第五刷発行

著　　者　作間信司
発 行 者　長坂嘉昭
発 行 所　株式会社プレジデント社
〒102-8641 東京都千代田区平河町2-16-1 平河町森タワー13階
https://president.co.jp　https://presidentstore.jp/
電話：編集（03）3237-3732 販売（03）3237-3731
編集協力　鮫島 敦 沖津彩乃（有限会社アトミック）
装　　丁　ナカミツデザイン
編　　集　桂木栄一
制　　作　関 結香
販　　売　高橋 徹 川井田美景 森田 巌 末吉秀樹 神田泰宏 花坂 稔
印刷・製本　中央精版印刷株式会社

ISBN978-4-8334-2347-2

Printed in Japan